Ferdinand Arlt

Zur Lehre von Glaucom

Ferdinand Arlt

Zur Lehre von Glaucom

ISBN/EAN: 9783744667890

Hergestellt in Europa, USA, Kanada, Australien, Japan

Cover: Foto ©ninafisch / pixelio.de

Weitere Bücher finden Sie auf **www.hansebooks.com**

ZUR LEHRE

VOM

GLAUCOM.

VON

DR· FERDINAND ARLT

EMER. PROFESSOR DER AUGENHEILKUNDE, K. K. HOFRATH UND RITTER DES ORDENS
DER EISERNEN KRONE.

MIT 6 TAFELN UND 12 ABBILDUNGEN IM TEXTE.

WIEN, 1884.

WILHELM BRAUMÜLLER
K. K. HOF- UND UNIVERSITÄTSBUCHHÄNDLER.

RECHT VON GRAEFE

I. Abschnitt.

Begriffsbestimmung. Aeltere Symptomatologie.

––––––

Wenn wir den Process, welcher den Erscheinungen zu Grunde liegt, die wir unter dem Namen Glaucoma zusammenfassen, näher kennen lernen wollen, so müssen wir die Krankheit bei einem und demselben und bei verschiedenen Individuen von den ersten Spuren bis zu den letzten wahrnehmbaren Erscheinungen beobachten, wir müssen die anatomischen und die functionellen Veränderungen, welche sich während des Lebens feststellen lassen, mit den Leichenbefunden in den successiven Entwicklungsphasen vergleichen und, so weit das möglich, auch Experimente an Thieren zu Hilfe nehmen, um irriger Deutung des Befundes im Leben und im Tode möglichst vorzubeugen. Die geistige Verarbeitung des auf diesen Wegen gewonnenen Materiales setzt selbstverständlich genaue Kenntniss der anatomischen und physiologischen Verhältnisse des gesunden Auges wie des ganzen Körpers und Vertrautsein mit den allgemeinen Grundsätzen der pathologischen Anatomie voraus.

Vor der Einführung des Augenspiegels in die Diagnostik konnte man das Vorhandensein des glaucomatösen Processes gemeinhin erst dann erkennen, wenn derselbe bereits zu auffallender Sehstörung (oder Erblindung) und zu gewissen eigenthümlichen Veränderungen in den vorderen Ciliargefässen, in der Iris und insbesondere zu einem grünlichen (oder rauchigen) Reflexe aus der Tiefe der starren und erweiterten Pupille geführt hatte.

Bezüglich des Zustandekommens des Symptomencom
plexes, den man nach dem genannten Reflexe (dem besonder
auffälligen und beachteten Symptome) Glaucoma benannte
wusste man namentlich nach Beer,[1] „dass das Glaucom ziem
lich häufig nicht allein als eine wahre Folgekrankheit de
Augenentzündung (die er als Iritis arthritica geschildert)
sondern auch zuweilen ohne alle vorhergegangene Ent
zündung sich einstelle". In gleichem Sinne sprach sicl
Rosas[2] aus. Er unterscheidet vorerst zwischen Iritis, Cho
rioiditis und Ophthalmitis arthritica. In seiner Schilderung
der Chorioiditis und der Ophthalmitis arthritica (p. 486) er
kennen wir leicht das bekannte Bild, jene Erscheinungsforn
des Glaucoms, welches seit Donders als Glaucoma cum ir
flammatione, heutzutage gewöhnlich als entzündliches Glaucom
bezeichnet wird. Das Glaucom bilde sich entweder langsan
oder, in Folge von Entzündung, schnell aus. Für den er
steren Verlauf wählt er den Ausdruck Glaucoma cacheo
ticum. Dieses brauche oft Jahre lang, bevor es zur Aus
bildung komme, während das Glaucom entzündlicher Abkunf
meistens schon in wenig Wochen, oft Tagen, zur höchstei
Ausbildung gelange. Bei weiterem Fortschreiten des kachek
tischen Glaucoms treten drückende Schmerzen an der Stir
auf, oft tage-, wochenlang aussetzend, die Gegenstände er
scheinen nach und nach in einen immer dichteren Nebel ge
hüllt, bis das Sehvermögen gänzlich schwindet; die Kranke
zählen helle und dunkle Tage, oft an demselben Tage helle un
dunkle Stunden; die Kerzenflamme erscheint von Regenbogen
farben umgeben, die Cornea wird unreiner, die Gefässe au
der schmutzig gewordenen Sklera werden varicös, die anfang
träg bewegliche Iris wird missfarbig, gegen die Cornea ge
drängt, die Pupille unbeweglich, erweitert, gegen die Winke

[1] Lehre von den Augenkrankheiten, Wien 1792, pag. 258, mit eine
sehr instructiven Abbildung auf Taf. V, Fig. 37, und Wien 1817, II. Bd
pag. 251, mit Taf. III, Fig. 5, und I. Bd. (1813), pag. 581, mit Taf. II
Fig. 6, Taf. III, Fig. 1.

[2] Handbuch der Augenheilkunde, Wien 1830, II. Bd., pag. 48
und 721.

hin, wohl auch nach oben oder unten, unregelmässig, zeigt
die bekannte graugrünliche Trübung und der Augapfel wird
härter als gewöhnlich. Beim höchsten Entwicklungsgrade
werden die Schmerzen heftiger, doch noch immer aussetzend,
es schwindet die Lichtempfindung, dagegen quälen den Kranken
Lichterscheinungen, die Varicosität des Bulbus nimmt zu, im
Umfange der Cornea erscheinen kropfartige Venengeschwülste,
die Cornea wird bläulichgrau, die Iris varicös, der Pupillenrand nach aussen gestülpt und bisweilen so erweitert, dass man
kaum noch etwas von dem Irisgewebe erblickt, der Krystall-
körper erscheint gelblich graugrün und tritt endlich mit der Cornea
in Berührung. — „Ist Entzündung vorausgegangen, so sind die
Erscheinungen viel heftiger und gelangt das Krankheitsbild meistens in wenig Wochen, selbst Tagen zur höchsten Ausbildung."

Noch bestimmter hat sich J. N. Fischer[1]) über das
Entstehen von Glaucom ohne entzündliche Zufälle
ausgesprochen, pag. 231: „Mehrere der Glaucome waren ohne
wahrnehmbare Entzündung und ohne allen Schmerz
entstanden. Die Form des Glaucoms war eine und dieselbe,
es mochte durch eine äussere offenbare Entzündung oder ohne
dieselbe, mit oder ohne Kopf- und Augenschmerz entstanden
sein. Manchmal sah ich in meiner Privatpraxis das Glaucom
ohne wahrnehmbares Allgemeinleiden und ohne örtlichen
Schmerz oder Entzündung entstehen und erst nach dessen
vollkommener Ausbildung heftige dumpfe oder stechend-reis-
sende Kopf- und Augenschmerzen oder deutliche Merkmale
anomaler Gicht an anderen Organen der Körpers auftreten."
Und pag. 236: „Es sind mir mehrere Individuen bekannt,
welche, seit 8 bis 15 Jahren schon glaucomatös erblindet, mit
dem anderen Auge noch vollkommen sahen, ohne sich einer
besonderen Cur unterzogen zu haben. Fischer kannte, wie
aus dem Texte und aus den mitgetheilten Krankengeschichten
hervorgeht, das Matt- und Trübsein der Cornea, das Verhalten der Iris, besonders das Verzogensein der Pupille
(ohne hintere Synechien), die Lateralstaphylome der Sklera,

---

[1]) Klinischer Unterricht, Prag 1832.

die Härte des Bulbus, das Sehen von Regenbogenfarben
um die Kerzenflammen, das Wechseln der Sehschärfe an
verschiedenen Tagen und zu verschiedenen Stunden des Tages,
endlich das sulzige Aussehen der Hornhaut nach längerem Bestande bei völliger Blindheit, das Auftreten erwei-
terter Venen in dem nicht atrophischen Theile der Iris
und den Ausgang in Atrophia bulbi, welche, wie schon
Beer bemerkt hatte, gewöhnlich den Schmerzen in der Augen-
gegend ein Ziel setzt.

Makenzie[1]) bespricht die Iritis arthritica ganz nach
Beer und lässt aus einer Form derselben Glaucom hervor-
gehen (pag. 438). Bei Erörterung der differenziellen Diagnosis
zwischen Cataracta und Glaucoma (pag. 555) hebt er zunächst
die erhöhte Resistenz des Bulbus bei der glaucomatösen
Amaurosis hervor und bemerkt, dass beim Glaucom oft
Jahre vergehen, ohne dass eine grössere Verdunklung
entsteht als diejenige, welche zuerst bemerkt worden ist,
und mit geringem oder gar keinem weiteren Verluste
des Sehvermögens. Indem er pag. 686 sagt, Glaucoma
sei häufig mit arthritischer Entzündung verbunden, gibt er
offenbar auch zu, dass Entzündung nicht ein nothwendiges
Attribut des Glaucoma sei. Doch ist zu bemerken, dass er
auch Fälle von Cataracta simplex als Glaucoma auffasste,
wenn die Pupille den für pathognomonisch gehaltenen grünlichen Reflex darbot. Aus seiner Aufstellung von sechs Stadien
des Glaucoms[2]) geht hervor, dass für ihn der eigenthümliche
Reflex aus der Pupille das massgebende Kennzeichen für die
Diagnosis war, und dass er daher auch bei solchem Reflexe
eine Staaroperation (Discission der vorderen Kapsel — wie bei
dem Kranken Shaw —) für zulässig und heilsam hielt, sofern
nicht zugleich Zeichen von Amaurosis vorhanden waren.

[1]) Praktische Abhandlung über die Krankheiten des Auges (1831), deutsch
Weimar 1832.

[2]) Ann. d'ocul., T. X, pag. 241 (vergl. Analekten der Prager Vierteljahrschrift 1811, Quartal 4, pag. 208, und Traité des maladies de l'œil,
par Makenzie, IV° édition (1854) traduite par Warlomont 1856, T. II,
pag. 610.

Makenzie ist übrigens der Erste, welcher angibt (Weimar 1832, pag. 686), „in manchen Fällen sei das glaucomatöse Auge noch immer empfindlich für Gegenstände, welche auf die eine oder die andere Seite des Patienten gesetzt werden, während es in keiner anderen Richtung etwas zu unterscheiden vermag". (Einschränkung des Gesichtsfeldes.)

Sichel,[1] welcher gleich Makenzie bei Stellung der Diagnosis das Hauptgewicht auf den grünlichen Reflex legt, das Wesentliche jedoch in Entzündung der Chorioidea erkennt, gibt an (V, pag. 178), dass in manchen Fällen dem Glaucom, d. i. dem eigenthümlichen grünen Reflexe aus der erweiterten, starren und fast immer ovalen Pupille einfach Amaurosis vorausgehe. „Dans le commencement, selon quelques auteurs, la pupille peut encore conserver un peu de mobilité et de regularité; elle peut ne présenter qu'un aspect terne, qu'un teinte grisâtre, qui plus tard devient verdâtre. Ceci encore, selon nous, s'applique à l'amaurose qui peut précéder le glaucôme, car tant que cette teinte verdâtre n'existe point, la maladie n'est pas encore un véritable glaucôme." Pag. 191 : „*Dans quelques cas le glaucôme succède à une simple amblyopie amaurotique ou à une amaurose déjà complète.* On conçoit que la congestion ou la phlogose dans la rétine puissent précéder celle de la choroide." „Dans quelques cas rares la marche est très-rapide, présentant les symptômes d'une choroidite aiguë ou sub-aiguë ou d'une *congestion oculaire foudroyante*, d'une véritable apoplexie oculaire. Dans la variété que nous avons exposée comme un *glaucôme nerveux*, il y a probablement aussi une *congestion soudaine* et une sub-inflammation, mais moins violente, qui cependant, à cause de la constitution nerveuse du malade et des maladies antérieures

---

[1] Mémoire sur le glaucôme in Ann. d'ocul., T. V, VI und VII (1841 und 1842). Diese inhaltreiche Arbeit, an welche sich auch eine vollständige Geschichte der Lehre vom Glaucom anreiht, dürften alle Fachgenossen, welche die vorophthalmoskopische Literatur nicht näher kennen, mit grossem Interesse lesen. Sie ist eine wahre Fundgrube wichtiger Thatsachen der Beobachtung während des Lebens.

des centres nerveux, entraine immédiatement ou sous peu de temps la *cécité complète, sans devenir apparente dans le commencement.*"

Desmarres[1]) (Sichel's Schüler) hebt ausdrücklich hervor, dass er Glaucom ohne äusserlich wahrnehmbare Entzündungserscheinungen entstehen gesehen habe, und gibt bei der Beschreibung der Veränderungen in den verschiedenen Bestandtheilen des Auges auch solche an, welche nur auf Fälle bezogen werden können, in denen äusserliche Entzündungszufälle (wenigstens anfangs) fehlten. So bemerkt er bezüglich der vorderen Kammer, dass man dieselbe in jeder Beziehung unverändert finden könne, sowohl in einer sehr vorgerückten Periode als im Anfange, während sie in anderen später aufgehoben erscheint. Sehr genau beschreibt er, gleich Sichel, die Veränderungen an der Iris. „Sie ist im Allgemeinen blässer und matter, man sieht hie und da an ihr bleigraue isolirte Stellen," wie sie Beer bereits abgebildet hat, „bewirkt durch Schwund des Gewebes zunächst im grossen Kreise." „Diese Flecke und eine schiefergraue Verfärbung der Iris zeigen sich manchmal schon zu einer Zeit, in welcher der Kranke nur wenig über Sehstörung klagt." „Die Iris zieht sich allmälig und stets ungleichmässig gegen den Ciliarrand zurück und in ausnahmsweisen Fällen so beträchtlich, dass die Iris blos einen Reifen darstellt, welcher höchstens 1mm breit oder auch an einzelnen Stellen ganz unsichtbar ist. Die Pupille verliert anfangs an Beweglichkeit, ist mehr weniger unregelmässig, manchmal uneben und zackig, nur ausnahmsweise an die Kapsel angeheftet. Das Uvealblatt, welches den freien Rand der Iris umsäumt, ist stellenweise verschwunden, so dass man oft einen weissen Streifen wie eine eiweiss-faserstoffige Leiste sieht und die Pupille daselbst durch einen weisslichen Reifen begrenzt erscheint, welcher auf Kosten des Diaphragmas gebildet ist, welches nach vorn umstülpt erscheint, und zwar selbst in Fällen, in welchen die Kammer noch die nor-

---

[1]) Traité des maladies des yeux, Paris 1847, pag. 761.

male Grösse zeigt. In der Tiefe der Pupille sieht man zu Anfang der Krankheit eine gewisse Trübung, ähnlich einem grauliehen Dunste (Rauche), welche dem Auge ein ganz eigenthümliches mattes (trübes) Aussehen gibt."

Diese Citate genügen, darzuthun, dass man vor der Einführung der Ophthalmoskopie die allmälige Entwicklung von Glaucom ohne äusserlich wahrnehmbare Entzündungserscheinungen beobachtet, dass man das, was dann A. v. Graefe als Amaurosis mit Schnervenexcavation und Donders als Glaucoma simplex bezeichnete, als zur glaucomatösen Erkrankung gehörig aufgefasst hatte. Sieht man von den Erscheinungen ab, welche nur mittelst des Augenspiegels wahrgenommen werden können, so waren zu Ende der ersten Hälfte unseres Jahrhunderts beinahe alle Symptome und Merkmale des Glaucoms in ihrem Auftreten neben und nach einander bekannt, bis auf die verminderte, oder aufgehobene Empfindlichkeit der Cornea und die präcisere Bestimmung der Sehschärfe (des Licht- und Farbensinnes) und des Gesichtsfeldes. Auf die Beeinträchtigung der Accommodation, auf die transitorische Trübung der Hornhaut und des Kammerwassers (während des entzündlichen Anfalles oder Nachschubes) und auf die Störung des Farbensinnes (in manchen Fällen) hatte schliesslich ich in meinem Anfangs Jänner 1853 erschienenen Handbuche aufmerksam gemacht.[1]) Daselbst (pag. 187) ist auch ein Fall ausführlich mitgetheilt, in welchem sich das Bild des Glaucoms erst nach neunjährigem Bestande einer Amblyopie oder, wie man jetzt sagen könnte, eines Glaucoma simplex entwickelt hatte.

Der Begriff von Glaucoma war also in der vorophthalmoskopischen Zeit durch die äusserlich wahrnehmbaren Veränderungen (neben und nach einander) ein bestimmt abgegrenzter, wenn auch die Ansichten über das diesen Erscheinungen zu Grunde Liegende, speciell über die anatomischen Veränderungen bedeutend differirten oder ganz unklar

---

[1]) Arlt, Krankheiten des Auges (Sklera, Iris, Chorioidea), Prag 1853, pag. 173, 178, 190—197.

blieben. Wenn auch Manche, wie namentlich Makenzie und
Sichel, bezüglich der Diagnosis zu viel Gewicht auf den
grünlichen Reflex aus der Pupille legten, so wurde doch anerkannt, dass auch Fälle ohne solchen Reflex (im Anfange) und
ohne entzündliche Erscheinungen zum Glaucom gerechnet
werden müssen. Auch nach A. v. Graefe's epochemachenden
Publicationen [1]) blieb dieser Begriff im Ganzen eine Zeit lang
unverändert — wurde die Diagnostik und die theoretische
Auffassung des Glaucoms zunächst nur darin modificirt, dass
man das Hauptgewicht fortan auf die blos mit dem Augenspiegel nachweisbare Veränderung an der Papilla nervi
optici legte und deren Zustandekommen auf Steigerung
des intraoculären Druckes bezog. Eine wesentliche Alte-
rirung wurde jedoch herbeigeführt, als Graefe durch Ueber-
schätzung der Drucksteigerung — wenn man so sagen darf —
überall von Glaucoma sprach, wo sich Drucksteigerung als
Mittelglied zwischen irgend einer deutlich nachweisbaren Organ-
erkrankung in einem Auge und dessen Erblindung (durch
Druck auf den Sehnerven) nachweisen liess. [2]) Wenngleich
er für solche Fälle den Namen Secundärglaucom einführte,
so hat diese Lehre doch wesentlich zur Begriffsverwirrung
beigetragen. Sie hat ihre Adepten verleitet, anatomisch,
klinisch und ätiologisch verschiedene Processe auch prognostisch und therapeutisch nicht auseinander zu halten. Ein
wesentlicher Unterschied zeigt sich schon darin, dass das
zweite Auge bei dem eigentlichen Glaucom stets, bei dem
sogenannten Secundärglaucom niemals (durch denselben Process) bedroht ist. Will man die anatomische Grundlage des
dunklen Processes, den man nach seinen äusserlichen Erscheinungen Glaucom genannt hat, näher kennen lernen, so müssen
jene Fälle, in welchen greifbare Veranlassungen zur Drucksteigerung, respective zur Erblindung vorliegen, vorläufig ganz
ausser Spiel bleiben. Wenn ich also weiterhin vom Glaucom
sprechen werde, so will ich darunter nur jenen Krank-

---

[1]) Archiv für Ophthalmologie, 1854, I. a, pag. 371 und 382, und I. b,
pag. 299; II. a, pag. 248, II. b, pag. 291, und III. b, pag. 456.

[2]) A. f. O. IV. b, pag. 117—156.

heitsprocess verstanden wissen, welcher heutzutage allenfalls Primärglaucom genannt zu werden pflegt.

Dem Glaucome kommen nebst dem genannten Complexe von Symptomen, deren keines als constant (in jedem Einzelfalle vorfindlich) bezeichnet werden kann, noch sehr beachtenswerthe Eigenthümlichkeiten zu.

1. Eine gewisse, durch Re- oder Intermissionen gegebene Fluctuation nicht nur in den subjectiven, sondern auch in den objectiven Symptomen, besonders bei langsamer Entwicklung. Selbst in Fällen, in welchen ein bislang wenigstens dem Anscheine nach ganz gesundes Auge binnen einigen Tagen (oder Stunden) vollständig erblindet ist, werden Fluctuationen nicht nur in den Schmerzen, sondern auch in den lästigen Lichterscheinungen (sogenannten hellen und dunklen Tagen) noch eine Zeit lang wahrgenommen, bis endlich — nach wiederholten Entzündungsanfällen — Atrophia bulbi eintritt. In den meisten der langsam sich entwickelnden Glaucome sind der manifest ausgesprochenen Krankheit Anfälle von Schmerzen im Auge oder in seiner Umgebung (1. oder 2. Ast des Trigeminus), von Trübung des Gesichtes und von Regenbogenfarben um die Kerzenflamme durch Wochen, Monate, Jahre vorausgegangen und kann in den Intervallen vielleicht ausser der Accommodationsbeschränkung nichts Krankhaftes aufgefunden werden. Werden solche Augen während des Anfalles ärztlich untersucht, so kann man, besonders wenn das andere Auge intact ist, eine leichte Veränderung in der Farbe und Beweglichkeit der Iris, wenn nicht auch überdies eine leichte Trübung der Cornea (und des Kammerwassers), wohl auch einige Erweiterung der Pupille und etwas stärkere Füllung der vorderen Ciliargefässe constatiren. Graefe hat während solcher Anfälle auch einige Einschränkung des Gesichtsfeldes vorgefunden (A. f. O. III. b, pag. 472). Allmälig kehren solche Anfälle in kürzeren und längeren Intervallen wieder, dauern länger und werden intensiver, bis ein heftigerer Anfall entweder continuirlich zur Vernichtung der Sehkraft führt oder nach Linderung der Zufälle und Besserung des Sehvermögens — doch nicht bis zu

dem vor dem Anfall bestandenen Grade – Wochen, Monate,
Jahre lang mit Remissionen fortbesteht. Fluctuationen im
Sehen, sehr oft mit einer gewissen Regelmässigkeit zu derselben Tageszeit wiederkehrend, werden auch häufig in Fällen
bestimmt angegeben, in welchen sich nie eine Spur von Entzündung äusserlich kundgab.

2. Das Glaucom gehört zu jenen Krankheiten, welche
immer beide Augen ergreifen, unabhängig von einander, in
Zwischenräumen von einigen Tagen, Wochen, Monaten; doch
sind hie und da auch Fälle beobachtet worden, in welchen
das zweite Auge durch viele Jahre frei blieb (nach Fischer
sogar durch 15 Jahre). Die Art und Weise des Auftretens ist
gewöhnlich die gleiche; auf beiden Augen mit entzündlichen
Zufällen acut oder subacut, oder blos mit successiver Abnahme
der Sehkraft, aber auch verschieden: auf dem einen Auge
ganz unvermerkt, auf dem andern mit manifesten Erscheinungen. Nicht selten treten sichtbare Entzündungserscheinungen in einem Auge erst nach mehr weniger langem Bestande von Glaucom auf, welches bereits eine beträchtliche
Herabsetzung der Sehkraft, namentlich des peripheren Sehens,
oder bereits völlige Blindheit herbeigeführt hat. — Die
Enucleation des glaucomatösen Auges gibt keine Sicherheit
vor früherer oder späterer glaucomatöser Erkrankung des
zweiten Auges; auch die Sistirung des Processes durch Iridektomie an dem einen Auge kann nicht als Präservativ für
das zweite betrachtet werden. Es liegen sogar verlässliche
Beobachtungen vor, dass nach der Iridektomie auf dem einen
Auge das andere, an welchem bei der Tags vorher vorgenommenen Untersuchung nicht die Spur von Glaucom vorgefunden werden konnte und auch von dem Kranken nie eines
der sogenannten Prodromalsymptome bemerkt worden war,
am zweiten oder dritten Tage (oder etwas später) von Glaucom
mit deutlichen Entzündungserscheinungen befallen wurde.
Bezüglich solcher Fälle schliesse ich mich der Auffassung
jener Fachgenossen an, welche annehmen, dass bei gegebener
Disposition, welche vorauszusetzen man aus anderen Gründen
berechtigt ist, der mit der Vornahme einer Augenoperation

verbundene deprimirende Gemüthsaffect hinreicht, den Ausbruch des Leidens hervorzurufen, zu beschleunigen. Sieht man doch auch mitunter Staaroperirte, auch wenn sie nicht an übermässigen Spirituosengenuss gewöhnt, wohl aber sehr ängstlicher Natur sind, während der Zeit, wo die Augen verbunden sind, in krankhafte psychische Aufregung verfallen; die Gefahr des Glaucomausbruches auf dem zweiten Auge kann beinahe mit absoluter Gewissheit dadurch beseitigt werden, dass man vor der Operation auch in das zweite Auge Physostigmin oder Pilocarpin einträufelt.

Anmerkung. Ich habe durch viele Jahre die Gefahr des Glaucomausbruches auf dem zweiten Auge in den ersten Tagen nach der Iridektomie dadurch zu verhüten gesucht, dass ich nicht mehr, wie früher, beide Augen, sondern nur das operirte unter Verband hielt, ziehe es aber jetzt vor, Eserin oder Pilocarpin als Schutzmittel anzuwenden.

3. Während sich über den causalen Zusammenhang des Glaucoms mit anderweitigen Gesundheitsstörungen nichts Bestimmtes angeben lässt, ist durch verlässliche Beobachtungen sichergestellt, dass deprimirende Gemüthsaffecte (Aerger, Angst, Gram, Kummer u. dgl.) auf den Ausbruch eines Glaucomanfalles entschieden Einfluss nehmen. Laqueur[1] bezeichnet auch intensives Hungergefühl, Schlaflosigkeit, körperliche Anstrengungen, Nausea und Aufenthalt in schlechter verdorbener Luft als Momente, welche bei gegebener Disposition den Anstoss zum Ausbruche eines Anfalles bieten. „Es begünstigt Alles den Ausbruch des Glaucoms, was als schwächende Potenz auf den Organismus wirkt und einen pupillenerweiternden Einfluss hat." Dieser Einfluss tritt besonders dann deutlich hervor, wenn der erste Anfall wieder vollständig oder nahezu vollständig (mit unbeachtet bleibender Sehstörung) vorübergeht und in verschieden langen Intervallen nach Wiederkehr eines solchen Gemüthsaffectes neuerdings auftritt.

4. Auch bezüglich des Lebensalters, in welchem das Glaucom aufzutreten pflegt, bezüglich des Baues der Augen,

[1] Das Prodromalstadium des Glaucoms, A. f. O. XXVI. b, pag. 1–58.

resp. des ständigen Refractionszustandes und dadurch, dass in vielen Fällen Erblichkeit nachgewiesen werden kann — wovon im IV. Abschnitte die Rede sein wird — unterscheidet sich das Glaucom von anderen ähnlichen Augenaffectionen, insbesondere von den sogenannten Secundärglaucomen.

Ist es nun möglich und ist es gerechtfertigt (lässt es sich nachweisen), dass einem so verschiedenartig gestalteten Symptomencomplexe, der unter dem Namen Glaucoma zusammengefasst wurde, ein und derselbe Krankheitsprocess, wenn auch in verschiedenen Phasen, zu Grunde liege, dass die Erkrankung von einem und demselben Gebilde ausgehe, oder einmal vom Sehnerven, welcher schliesslich doch in allen Fällen leidet, ein andermal von dem Uvealtractus, auf dessen Erkrankung wenigstens in Fällen, die mit Entzündungs-erscheinungen einhergehen, geschlossen werden muss, oder endlich von irgend einem andern Gebilde? Gibt es für das Glaucom überhaupt eine gemeinschaftliche nächste Ursache und worin besteht dieselbe?

Sehen wir zunächst nach, was die Sectionsbefunde bisher gezeigt haben.

II. Abschnitt.

Sectionsbefunde.

Die älteren Sectionsbefunde, von Brisseau (1709) bis incl. Warnatz (1844)[1], sind kaum zu verwerthen. Sie wurden grösstentheils ohne Angabe des Zustandes während des Lebens, aber auch dann sozusagen nur zu dem Behufe aufgenommen, den Grund des glaucomatösen Reflexes aufzufinden; eine detaillirte Beschreibung des Zustandes aller einzelnen Gebilde wurde nicht gegeben. Die Angaben, grösstentheils ungenau und unklar, beschränken sich meistens auf den Zustand der Linse, des Glaskörpers, der Retina und der Chorioidea. Eine rühmliche Ausnahme macht nur die Beschreibung eines Falles von Sichel,[2] welche ich für jene Leser, denen das Original nicht leicht zugänglich sein möchte, hier wortgetreu mittheile.

„Le 8 janvier 1832 j'examine les yeux d'une femme âgée de 63 ans, aveugle depuis un an. Il y a 13 ans qu'elle ne voit point de l'œil ganche. C'est à partir de la même époque qu'elle a ressenti de diverses douleurs dans l'œil droit, qu'elle ne tarda pas à perdre la vue baissant de plus en plus chaque année. *L'œil gauche* présente une cicatrice centrale erétacée, mais lisse, de la cornée, en haut et en dedans; à travers une portion transparente de la cornée on voit une *cataracte glaucômateuse*. Entre cette cataracte et l'iris, en bas et en dedans, il y a un interstice noirâtre; en haut et en dedans la surface de la cataracte semble légérement inégale. *L'œil droit* est affecté d'une cataracte glaucômateuse, d'un blanc terne; en dedans l'iris est plus étroit, ce qui rend la pupille un peu transversalement ovalaire et

---

[1] Warnatz. Ueber das Glaucom, neue Bearbeitung einer von der Redaction der Ann. d'ocul. gekrönten Preisschrift, Leipzig 1844 (Pathologische Anatomie des Glaucoms), pag. 76.

[2] Sichel, Ann. d'ocul., T. VI, pag. 156 (Jänner 1842).

pointue en dedans. Les bords des deux pupilles sont brunes et un peu renversés en dehors.

Cette malade est morte le 25 Novembre 1833. (Nach eilf Monaten gänzlicher **Blindheit**.)

Dissection. *Oeil droit.* La pupille est large et transversalement ovalaire; son bord brun, assez large, est un peu déchiqueté. On voit une cataracte glaucômateuse de couleur blanc grisâtre, sale, mêlée d'une légère teinte verdâtre. Le cristallin semble ramolli; il y a un aspect nuageux qui semble tenir à quelque chose qui paraît flotter sous la cornée. Au bord de son tiers postérieur *la sclérotique est fortement attachée* à la choroïde en deux points, par quelques filaments rougeâtres. Des *vaisseaux sanguins rouges écarlate* rampant à la surface externe de la *choroïde*, commençaient auprès de trois groupes des vaisseaux vortiqueux qui étaient eux-mêmes blanc grisâtre, comme recouverts d'une légère couche fibro-albumine. Ces vaisseaux rouges étaient assez nombreux; un ou deux étaient recurbés à leur extrémité; ils allaient presque jusqu'à l'extrémité antérieure de la choroïde.

Le *pigmentum* de la surface interne de la choroïde se détachait en beaucoup d'endroits, en forme de *lambeaux membraneux très-minces et incolores*, recouverts presque partout de flocons brunclair, ce qui lui donnait un aspect velouté et *une teinte beaucoup plus claire.*

La rétine, dans laquelle je ne trouvai ni *tache jaune*, ni *pli*, ni *trou central*, était couverte à sa face externe de *taches rouges* très-nombreuses, rondes, dont les unes étaient petites et les autres grandes comme une grosse tête d'épingle ou une petite lentille, c'est-à-dire, de deux millim. à deux millim. $\frac{1}{2}$ de diamètre. La *choroïde était adhérente à la rétine* sous quelques-uns de ces points ronges. *L'artère centrale de la rétine était injectée de sang, très-forte, très-ramifiée*; les ramifications les plus fines étaient très-près du bord antérieur de la rétine. Sur la surface interne de celle-ci on voyait très-bien toutes ces ramifications, et l'on reconnaissait parfaitement que toutes les taches rouges, petites ou grandes, se trouvaient près de leurs extrémités periphériques et semblaient être de petits *épanchements sanguins* déposés par ces extrémités mêmes.

La couleur, la forme, la consistance du *corps vitré* et la couleur de la *surface externe de la choroïde* sont à *l'état normal*. En avant il n'y a aucune trace d'adhérence ou d'amincissement de cette dernière membrane. Il est seulement un peu difficile de détacher la cornée du cercle ciliaire. *Une membrane très-fine, diaphane, tapisse toute la chambre antérieure*; elle se détache facilement de la cornée, adhère au contraire au bord externe du grand cercle de l'iris et semble même se replier sur toute la surface iridienne antérieure. On pourrait croire que c'est la membrane de l'humeur aqueuse qui se serait détachée de la cornée, en formant un petit sac, ouvert seulement dans la pupille bouchée par la cataracte. C'est en effet l'opinion à laquelle je m'arrête définitivement, puisqu'à la surface interne de la cornée je ne trouve aucune trace de la membrane de l'humeur aqueuse.

Une fois détachée, cette *cataracte ne semble pas différer notablement d'une cataracte lenticulaire ordinaire*. Sa couleur, plus claire, plus diaphane au pourtour, est *plus jaune*, plus opaque *dans le noyau.*

La cornée est tout-à-fait *normale*; aucun lambeau semblable à une portion de la *membrane de l'humeur aqueuse* ne peut en être arraché. Des vaisseaux variqueux rampent sur la conjunctive et sur la sclérotique.

Oeil gauche. La pupille, très-large transversalement, est irregulièrement découpée. Son bord est large et brun foncé. *L'iris*, fortement poussée en avant, est d'un bleu grisâtre; sa couleur est *peu tranchée*, peu nette; il semble désorganisé; près de son bord externe il y a une strie blanchâtre de fibro-albumine. *Le petit cercle* du côté interne est décoloré, comme dans le cas où après la mort le pigmentum se détache; mais cette décoloration est ici l'effet de la maladie. Dans la cornée, ou sous cette membrane, il semble exister plusieurs stries blanchâtres ondulées, qui me paraissent révéler l'existence d'une seconde fausse membrane semblable à celle trouvée dans l'œil droit.

Il y a au centre de la cornée une *tache blanche laiteuse* semblable à une cicatrice bien lisse, entourée d'une tache jaune et opaque plus foncée, ressemblant parfaitement à une *végétation de la capsule*. Cette partie jaune était entourée elle-même par une portion claire, semitransparente et grisâtre du cristallin.

Il n'y avait aucune adhérence entre la sclérotique et la choroïde dans les deux tiers postérieurs; mais la *choroïde, plus rouge* qu'à l'état normal, avait pris d'une manière évidente la teinte rouge écarlate des vaisseaux de la même membrane dans l'autre œil. Ici ces vaisseaux n'étaient pas en troncs isolés, ils formaient de véritables nappes de couleur rouge peu élevées et comme veloutées. La surface de la choroïde ne formait point un segment de sphère lisse; cette membrane en général était flasque, comme bosselée et ridée dans certains endroits, sans que la sclérotique eût éprouvé aucun changement notable. En avant la choroïde était amincie, décolorée, et adhérente à la sclérotique autour du cercle ciliaire. Le bandeau de stries noires (prolongement des procès ciliares) qui entoure ce cercle était plus foncé. Au centre de la surface antérieure du feuillet antérieur de la *cristalloïde*, il y avait une végétation circonscrite et assez élevée d'environ 3mm de diamètre, qui adhérait fortement à la tache centrale de la cornée. Autour de la végétation la capsule, transparente, était marquée çà et là de quelques taches jaunâtres de fibro-albumine et séparée du cristallin opaque par un interstice rempli par l'humeur morgagnienne. L'iris adhérait à la cornée, et je ne pus l'en détacher qu'en quelques endroits. Entre la cornée et la végétation il y avait une fausse membrane mince et diaphane, plus épaisse que celle que nous avons vue dans l'autre œil, et n'ayant pas comme celle-ci la forme d'une bourse présentant des plis, parce que l'iris était appliquée tout-à-fait contre la cornée.

La rétine avait une couleur un peu plus jaunâtre que d'ordinaire; elle était flasque, peu injectée, et ne présentait pas de taches. A la surface interne, très-près du nerf optique, elle était dégénérée. Cet endroit de la membrane semblait converti en un tissu réticulaire, blanc, fibreux et presque fonqueux. Le *corps vitré* avait sa couleur normale, mais il ne présentait plus que le tiers environ de son volumen accoutumée. Il était *liquéfié*, de manière que des gouttes liquides en tombaient, quand on le soulevait. Cependant il était encore beaucoup plus consistant que l'humeur aqueuse.

Ce plissement de la choroïde, joint à cette dégénérescence fibreuse de la rétine et à la résorption du corps vitré indique un acheminement à l'atrophie du globe commençant par ces membranes internes. C'est en partie pour ces particularités assez rares que nous avons rapporté cette observation, curieuse à d'autres titres."

In diesem mit grosser Umsicht und Sachkenntniss (für damals) vorgenommenen Befunde vermissen wir nur die Angaben über das Verhalten der Sklera, der Iris und des Ciliarkörpers in den verschiedenen Meridianen, der Ciliarnerven und der Papilla nervi optici.

Im Jahre 1847 habe ich[1]) in meinen „Beiträgen zur pathol. Anatomie des Auges" auf pag. 56 folgenden Befund veröffentlicht:

„R. D., 76 Jahre alt, war vor sieben Jahren auf dem rechten Auge unter heftigen Schmerzen und Röthe des Weissen im Auge, dann unter geringeren Zufällen allmälig auch auf dem linken Auge erblindet. Beide Augen boten alle Attribute eines vollkommen ausgebildeten Glaucoms dar. Am 16. Juli 1846 wurde sie im allgemeinen Krankenhause secirt. Das Magenleiden (Carcinom), welches den Tod herbeigeführt, hatte sich erst zwei Jahre vorher kundgegeben.

Befund des rechten Auges. Sagittaler Durchmesser 11½''', äquatorialer 11'''. Nach oben und aussen, zwischen dem M. rectus sup. und ext. und hinter dem Aequator ist die Sklera hügelartig erhoben und dunkelblau. Die Hornhaut matt, jedoch vollkommen durchsichtig, bis

Fig. 1.

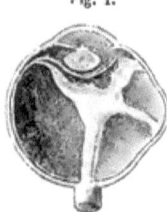

auf einige schwärzliche Punkte in ihrer unteren Hälfte, die sich nach Eröffnung des Auges als Anlagerungen von Pigment an die Descemet'sche Membran erwiesen. Der Bulbus wurde von vorn nach hinten durchschnitten, so dass der Schnitt etwas oberhalb des M. rectus externus (also durch die bläuliche Ausbauchung der Sklera) und unterhalb des M. rectus internus verlief. Man sah nun im Innern des Bulbus eine Höhle, in welcher eine klare Flüssigkeit enthalten war, die beim Erhitzen grösstentheils gerann. Mitten durch diese Höhle verläuft ein gelblich-grauer Strang, die zusammengefaltete Netzhaut, welche sich von der Eintrittsstelle des Sehnerven bis zur Ora serrata erstreckt, jedoch nach oben und aussen einen Ausläufer bildet, der sich zur Mitte der oberwähnten Skleralausbuchtung begibt. Von der Gegend an, wo eine durch den Aequator bulbi gelegte Ebene die Netzhaut durchschneiden würde, verwandelt sich die Netzhaut, indem sie zur Ora serrata verläuft, gleichsam in einen Trichter, in dessen Höhlung man deutlich Reste des Glaskörpers erkennt.

[1]) Vierteljahrschrift für praktische Heilkunde, Prag 1847, II. Bd., pag. 44, mit einer colorirten Abbildung, und Krankheiten des Auges, Prag 1853, II. Bd., pag. 161.

Die Chorioidea, durchaus an die Sklera angelagert, ist von der Lamina cribrosa bis zur Ora serrata ringsum sehr verdünnt und blassbläulichgrau, in der nächsten Umgebung der Lamina cribrosa aber ganz pigmentlos. An der Stelle, welche von aussen bläulich und hervorgetrieben erschien, ist die Chorioidea im Umfange von beiläufig 3''' Durchmesser fest mit der hier auffallend verdünnten Sklera verwachsen, durch einzelne Pigmentpunkte und Flecke braun und blau (wie von Pulverkörnern in der Gesichtshaut) gesprenkelt, und zur Mitte dieser Stelle ist der obgenannte Ausläufer der Retina durch innige Verwachsung mit der Chorioidea und Sklera hingezogen. Die Vortices vasorum Stenonis lassen sich nicht mehr wahrnehmen; von den Ciliarnerven sind nur hie und da dünne Zweigchen zu erkennen. (Die Ciliarnerven innerhalb der Sklera theils dünner, theils nach oben und aussen, also entsprechend der Stelle des Skleralstaphyloms und der stärksten Schrumpfung der Uvea, vor und hinter dem Staphylom ganz fehlend.) Der Ciliarkörper ist da, wo hinter ihm das Skleralstaphylom liegt, derart atrophisch, dass man vom Ligamentum ciliare gar nichts mehr sieht; an der Nasenseite scheint er nicht verändert zu sein. Die Ciliarfortsätze sind nicht kleiner, werden jedoch erst dann sichtbar, wenn man eine Exsudatschicht, welche von der Zonula Zinnii in den rudimentären Glaskörper hineinreicht, mit einiger Gewalt abgezogen hat. Die Netzhaut, an der Ora serrata fixirt, ist so gegen den flachen Theil des Corpus ciliare (dessen innere Fläche) hingezogen, dass eine Ebene, durch die Ora serrata gelegt, noch einen guten Theil von der Netzhaut abschneiden würde, d. h. sie erstreckt sich auf ihrem Wege von der Mitte zur Peripherie gewölbt nach vorn und biegt dann, um zur Ora serrata zu gelangen, wieder nach hinten um. (Form wie die Corolla von Convolvulus.) Die dunkelbraune, stellenweise schiefergraue Iris ist nach oben und aussen, d. i. da, wo hinter ihr das Corpus ciliare atrophisch und die Sklera staphylomatös ist, auf einen so schmalen Saum reducirt, dass man, durch die Cornea ins Auge blickend, denselben gar nicht wahrnehmen konnte. An dem nicht geschwundenen Theile der Iris war der Pupillarrand röthlich und durch Exsudat locker mit der vorderen Kapsel verklebt. An der hinteren Fläche der Iris sieht man einige weissgraue Stellen, Exsudat auf der Iris, welches die Stelle der Pigmentlage einnimmt und mit der Iris innig zusammenhängt. Mit Ausnahme dieser Stellen erscheint die Pigmentlage der Iris normal. Die dunkelgelbe, im Kerne fast braune und sehr harte Linse liegt sammt der Kapsel etwas weiter vorwärts als im normalen Zustande. Deshalb und weil der Ciliarkörper (nach aussen und oben) geschrumpft ist, erscheint der freie Theil der Zonula Zinnii ausgedehnt und die Verbindung der Kapsel mit dem Ciliarkörper gelockert. Auch die hintere Kapsel ist mit der etwas getrübten und verdickten Hyaloidea in der tellerförmigen Grube nur lose verbunden. Man könnte demnach die Linse sammt der Kapsel leicht aus ihrer Grube herausheben. Die vordere Kapsel ist in ihrem mittleren Theile verdickt, hart, undurchsichtig, bläulichweiss; diese von dem vollkommen durchsichtigen Randtheile scharf, jedoch unregelmässig abgegrenzte Stelle misst gegen 2^{mm} im Durchmesser und gleicht einem flachen, mitten auf die Kapsel aufgeklebten Knopfe. Der Rand dieses Knopfes hing mit dem Pupillarrande der Iris locker zusammen.

Linkes Auge. Die Durchmesser dieses Bulbus etwas grösser als die des rechten. Die Sklera hinter dem Aequator in grosser Ausdehnung bläulich und hervorgetrieben. Der Bulbus wurde ohngefähr in der Gegend und Richtung des Aequators geöffnet, der Schnitt rings herum geführt. Es entleerte sich eine klare gelbliche, eiweisshaltige Flüssigkeit. Da man von der Eintrittstelle des Sehnerven einen weissgrauen Kegel vorwärts verlaufen sah, so ergab sich, dass dies die Netzhaut sei, und dass der Schnitt ringsherum auch die Chorioidea in eine vordere und hintere Hälfte zerlegt hatte. Es gelang mit leichter Mühe, die vordere Hälfte der Sklera und Chorioidea sammt der Iris von der Netzhaut, Zonula und Linse abzulösen, da das Auge schon ein wenig macerirt und die Verbindung zwischen Corpus ciliare und Zonula Zinnii hiedurch gelockert worden war. Die Chorioidea erscheint rings um die Eintrittstelle des Sehnerven herum dunkelbraun. Diese Färbung erstreckt sich an der Nasenseite bis in die Nähe des Aequators, an der Schläfenseite jedoch ist sie nur 2—3''' breit. In der vorderen Hälfte ist die Chorioidea auffallend verdünnt, blass, ganz pigmentlos, an der Schläfenseite jedoch, und zwar entsprechend der Ausbauchung der Sklera, marmorirt, mit zahlreichen dunkelblauen Punkten und Flecken besetzt und zugleich mit der auffallend verdünnten Skleralpartie unzertrennlich verwachsen. Im Corpus ciliare fällt nur die Dünnheit des Ligamentum ciliare als abnorm auf. Die Iris, von vorn stellenweise schiefergrau, hinten fast durchaus gehörig mit Pigment belegt, ist auf einen nicht ganz 1''' breiten Saum geschrumpft. Die Linse getrübt, zwischen sechs centripetalen weissgrauen Streifen der Rindensubstanz und durch die vollkommen durchsichtige Kapsel ambragelb durchscheinend, etwas weiter als im normalen Zustande vorwärts gerückt. In dem von der Netzhaut gebildeten Trichter ist ein circa zuckererbsengrosser halbdurchsichtiger Rest des Glaskörpers eingeschlossen. Die zur Iris verlaufenden Ciliarnerven auffallend dünn, an der Schläfenseite fehlend.

Im Jahre 1851[1]) bekam ich das linke Auge einer Frau von 60 Jahren zur Zergliederung, welche 1843 auf diesem, 1847 unter meiner Behandlung auf dem rechten Auge (unter heftigen Zufällen) erblindet war. Sagittaler Durchmesser 10³/₄''', im Aequator horizontal 11¹/₂''', vertical 10¹/₂'''. An der Schläfenseite in der Gegend des Aequators ein Skleralstaphylom von etwa 1''' Höhe, 2—3 Quadratlinien Basis. Eröffnung von vorn nach hinten; der Schnitt verlief durch den obern Rand der Cornea, dann durch das Skleralstaphylom und endete knapp oberhalb des Opticus. Sieht man nun von oben in die bei Weitem grössere untere Hälfte des Bulbus hinein, so bemerkt man Folgendes: Die Sklera nur in der Gegend des Staphyloms verdünnt. Die Chorioidea rings um die Lamina cribrosa und an der Nasenseite bis zur Ora serrata auffallend dunkelbraun, jedoch in der Umgebung des Skleralstaphyloms an der Schläfenseite und von da nach oben und unten bis zur Ora serrata ganz blass, pigmentlos und verdünnt, an der Stelle des Staphyloms selbst nach aussen mit der Sklera, nach innen an einer kleinen Stelle mit einem Theile der Netzhaut unzertrennlich verwachsen. Die Partie der Verwachsung ist so stark mit Pigment durchsetzt, dass die Sklera auch von

---

[1]) Arlt, Krankheiten des Auges, 1853, II. Bd., pag. 163.

aussen schwarzblau marmorirt erscheint. Die Netzhaut ist in einen Trichter
verwandelt, mit der Spitze an der Eintrittsstelle des Sehnerven, mit der
Basis an der Ora serrata befestigt, undurchsichtig, weissgrau. Gegen die
Schläfenseite verläuft etwas hinter dem Aequator eine Ausstülpung derselben,
deren Spitze fest mit der Chorioidea und Sklera verwachsen ist. Der durch
den Bulbus geführte Schnitt hat sowohl den Haupt- als den Nebentrichter
von vorn nach hinten geöffnet. Der Raum zwischen Chorioidea und Retina
war von einer klaren eiweisshaltigen Flüssigkeit ausgefüllt. In der Höhlung
der Netzhaut findet man Rudimente des Glaskörpers, welche nächst der
Hyaloidea in der tellerförmigen Grube noch vollkommen durchsichtig sind. An
der letztgenannten Stelle ist auch die Hyaloidea noch vollkommen durchsichtig. Gegen die Zonula Zinnii hin (an der innern Fläche des
Ciliarkörpers) ist der Glaskörper trüb, weisslich, von lichten
Fäden durchzogen, mit dem Ciliarkörper sowohl als mit der
Netzhaut fest vereinigt (d. h. mit der innern, früher dem Glaskörper
zugekehrten Fläche der Netzhaut). Auch in diesem Falle würde eine Ebene,
durch die Ora serrata gelegt, einen guten Theil der Netzhaut mit abschneiden,
indem diese, bevor sie zur Ora serrata gelangt, weiter vorwärts gezogen
erscheint und dann erst wieder zur Ora serrata zurückläuft. Das Ciliarband ist so geschrumpft, dass man es auf dem meridionalen Durchschnitte
kaum erkennt; die Ciliarfortsätze wurden erst dann wieder sichtbar, als
ich jene weissliche Masse, welche innerhalb des Corpus ciliare den Glaskörper durchzieht, mit einiger Gewalt davon abgezogen hatte. Die Linse
lässt sich sammt ihrer Kapsel leicht aus einer Höhle hervorheben, welche
hinten von der Hyaloidea, zur Seite von den Ciliarfortsätzen, vorn von der
Iris gebildet wird. Die Linse ist etwas geschrumpft, ihre Rindensubstanz
theilweise verkalkt, der Kern hart, bräunlichgelb. Der mittlere Theil der
vorderen Kapsel ist getrübt, verdickt, knorpelähnlich, aussen glatt, innen
rauh. Die dunkelbraune, stellenweise schiefergraue Iris ist gegen
1½''' breit, die Pupille hat 2''' im Durchmesser; sie ist unregelmässig rund
und durch eine Exsudatmembran verlegt, welche sich über die ganze hintere
Fläche der Iris bis zu den Ciliarfortsätzen hin ausbreitet. Dadurch, dass das
Ciliarband ganz verschrumpft und das Linsensystem etwas weiter vorwärts
gelagert erscheint, ist auch die Iris so weit gegen die Cornea vorgerückt,
dass sie dieselbe beinahe berührt."

Diese Beschreibungen des Befundes bei Glaucom in
einem weiter vorgerückten Stadium sind gleich einer
analogen Beobachtung von Schroeder van der Kolk[1]
wenig beachtet worden, vielleicht wegen irriger Deutung des
Zustandekommens der Netzhautabhebung, wahrscheinlicher
deshalb, weil man nach der Einführung des Augenspiegels

[1] Anatomisch-pathologische Opmerkingen, Verhandelingen van het
Genootschap ter bevordering der Genees- en Heelkunde te Amsterdam.
Amsterdam 1841, pag. 35, mit colorirten Kupfertafeln, citirt von Sichel in
A. d. O., T. VII, pag. 220.

in die diagnostischen Hilfsmittel an glaucomatösen Augen so
lange keine Zeichen subretinalen Exsudates finden konnte,
als überhaupt — auch bei vollständiger Erblindung — der
Augengrund noch deutlich zu sehen war.

Anmerkung. Schroeder van der Kolk fand in den Augen einer
bejahrten Frau, deren eines wegen Cataracta durch Keratonyxis fruchtlos
operirt worden, während das andere amaurotisch war (pag. 44), eine dicke
Lage plastischer Lymphe zwischen Retina und Chorioidea und bemühte sich
nun, sämmtliche Erscheinungen bei Glaucom überhaupt auf Chorioiditis zu
beziehen. Seine Abbildung dieses Auges (Fig. III) kann nicht als naturgetreue Zeichnung, sondern nur als eine beiläufige Skizze des anatomischen
Befundes angesehen werden. Ein genauer Sectionsbefund wird vermisst.
Ich habe den Artikel im Originale nachgelesen.

Meine Deutung des Sectionsbefundes war eine irrige insofern, als ich die Einschaltung von Exsudat zwischen Chorioidea und Retina als das Vorausgehende aufgefasst hatte,
während sie, wie H. Müller[1]) nachgewiesen hat, das Conse-
cutive ist. Die Retina wird in solchen Fällen nicht
durch ein zwischen Retina und Chorioidea eingeschal-
tetes Exsudat verdrängt, sondern sammt der Hyaloidea durch Schrumpfung eines in den Glaskörper
gesetzten Exsudates ein- und vorwärts gezogen, mit
Ausnahme ihrer Fixpunkte (an der Eintrittstelle des
Sehnerven und an der Ora serrata), und in dem Maasse,
als dies geschieht, erfolgt dann zwischen Retina und
Chorioidea ein seröser, gewöhnlich eiweiss-, selten
faserstoffhaltiger Erguss.

Bei Beschreibung eines durch Irido-Chorioiditis mit Netzhautablösung erblindeten Auges sagt H. Müller l. c. pag. 370:

„Die abgelöste Retina hatte im Ganzen die bekannte Form eines
Trichters oder, wie Arlt in seiner vortrefflichen Beschreibung ähnlicher
Augen sagt, einer Convulvulus-Blüthe. Von der Eintrittsstelle des Sehnerven
ging ein Schlauch 5—6mm gerade nach vorn, ohne erheblich weiter zu
werden, auf der Seite des gelben Flecks mit einem Loche von einigen
Millimetern Weite versehen. Dann erweiterte sich der Raum und die Retina
heftete sich in einer unregelmässigen, bald vor, bald hinter der Ora serrata
gelegenen Linie an die Aderhaut an, nachdem sie an mehreren Stellen
schon etwas weiter vor (gegen die Hornhaut) gezerrt worden war. Wo die

---

[1]) A. f. O., 1858, IV. a. pag. 363.

Retina erst vor der Ora serrata den Ciliarkörper erreichte, war ein entsprechendes Stück der Pars ciliaris retinae sammt dem pigmentirten Chorioidealepithel mit abgelöst. An der Insertion der Retina lief fast ringsum ein unregelmässiger, nicht über einige Millimeter breiter, fester, sehniger Streifen, der bald bläulichweiss glänzte, bald rostfarben pigmentirt war. Derselbe verlor sich alsbald nach rückwärts an der Innenfläche der Chorioidea. Die trichterförmig sich ausbreitende Retinapartie war durch unregelmässige Einziehungen tief gefurcht und dazwischen ragten pralle, 3—5^{mm} im Durchmesser haltende kugelige, mit einem eingeschnürten Halse aufsitzende Blasen hervor. Das Bedingende für diese Formation lag offenbar im Innern des trichterförmigen Raumes. Derselbe enthielt statt des Glaskörpers ein unregelmässiges Netz fester Stränge und Bälkchen, deren Zwischenräume von Flüssigkeit erfüllt waren. Dieses Balkenwerk erstreckte sich bis an den Ciliarkörper, an dessen äusseren, nicht gefalteten Theil dasselbe da und dort fest angeheftet war. In der Gegend der Achse ging dasselbe nach vorn in mehr membranöse Massen über, welche einen hinter der Iris befindlichen Raum abschliessen. In diesem Raume war die Linse mit ihrer Kapsel an einigen Stellen locker aufgehangen. Wo nun jene Balken an der Retina befestigt waren, war diese eingezogen, dazwischen wurden aber die kugeligen Blasen vorgetrieben. Es war dabei die Innenfläche der Retina von einer ziemlich festen membranösen Schicht bekleidet, in welche die Stränge übergingen. An der Basis der blasigen Vortreibungen aber war nicht nur die Retina halsähnlich zusammengeschnürt, sondern es war dieser ganz enge Hals auch dadurch verschlossen, dass jene membranöse Schicht nicht in das Innere der Blasen eintrat, vielmehr über deren Mündung hinwegging. Es war somit die Höhle der kugeligen Blasen von der des übrigen Trichters völlig getrennt, und die Wand derselben war dünn und schlaff, nachdem sie geöffnet waren, da dieselben blos aus der metamorphosirten Retina bestand.

„Das beschriebene Verhalten gibt im Zusammenhalt mit dem Befund in anderen Fällen zu einigen Bemerkungen über das Zustandekommen der Netzhautablösungen Anlass. Die am meisten verbreitete Meinung geht, wenn ich nicht irre, dahin, dass diese Ablösung in der Regel das mechanische Resultat einer Chorioidealexsudation sei, in der Weise, dass die exsudirte Flüssigkeit die Retina vor sich her von der Chorioidea wegdränge. Es ergibt sich jedoch hierbei das Bedenken, dass die Exsudation einer grösseren Menge von Flüssigkeit zwischen Chorioidea und Retina gleichzeitig entweder eine Vergrösserung des Volums des Bulbus oder eine entsprechende Verminderung der Masse des Glaskörpers, resp. Vorrücken der Linse erfordern würde. Beide Annahmen dürften, sofern es sich blos um eine durch die Retina wirkende vis a tergo handeln sollte, häufig Schwierigkeiten haben, namentlich wenn der Vorgang in einem kürzeren Zeitraume stattfinden sollte. Dazu kommt, dass in Fällen, wie der vorliegende, man annehmen müsste, es sei die Menge der ergossenen Flüssigkeit so gross gewesen, dass sie die Retina überall dislocirte, auch an Stellen, wo die Chorioidea nicht erkrankt war. Denn es ist nicht wahrscheinlich, dass eine Chorioidealexsudation, welche im Stande ist, die Retina vor sich her zu schieben, die Zellen des Pigmentepithels ziemlich intact lassen würde, wie dies hier im Hintergrunde des Auges der Fall war.

„Hingegen weist im vorliegenden Falle die Formation der Retina unzweifelhaft darauf hin, dass die Dislocation der Retina nicht durch Druck von hinten, sondern durch Zug von vorn bedingt wurde. Es war offenbar eine Exsudation in der Gegend der Ora serrata erfolgt, und die Stränge im Innern des Retinaltrichters dürfen wohl als geschrumpfte Reste des von Exsudat durchsetzten Glaskörpers angesehen werden. Zugleich hat die der Retina fest anliegende Hyaloidea eine beträchtliche Verdickung erfahren. Indem nun diese Massen sich retrahirten, zogen sie die Retina an den Stellen nach sich, an welchen sie vorzugsweise inserirt waren. Dazwischen buchtete sich die Retina um so mehr nach aussen, und diese Stellen wurden schliesslich als blasige Räume völlig abgeschnürt. Das Schrumpfen der Exsudate, welche namentlich in der Gegend des Ciliarkörpers vorkommen, ist bekannt genug, und Arlt hat bereits darauf aufmerksam gemacht, dass die Form der vorderen Partie der Retina, welche wie die Corolle von Convolvulus umgeschlagen sei, dadurch erklärt werden müsse, dass das Exsudat die Netzhaut gegen den Ciliarkörper hin ziehe. Es scheint mir dasselbe Moment eben auch für viele Fälle von beträchtlicher Netzhautablösung im Hintergrunde des Auges angenommen werden zu müssen, indem ich ähnliche Verhältnisse wie in dem vorliegenden Falle, nur nicht so exquisit, auch sonst getroffen habe."

Wie genau H. Müller ein pathologisches Auge in allen Theilen zu untersuchen gewohnt war, geht aus folgender Stelle (pag. 377) hervor.

„Endlich ist noch die Eintrittsstelle des Sehnerven zu erwähnen. Dieselbe bildete eine Grube, von deren Rand die Retina ringsum senkrecht aufstieg. Die Wände der Grube senkten sich von ihrem oberen, durch die normale Faserung der Chorioidea gebildeten Rand aus zuerst sehr steil ein, so zwar, dass an manchen Stellen dieser Rand sogar etwas überhing, dann war der Boden der Grube gegen die Mitte zu concav. Die Tiefe der Grube betrug etwa 1^{mm} und es ragte dieselbe somit beträchtlich über das Niveau der Chorioidea in die Sklera hinein. Am Boden der Grube verliefen die Aeste der Centralgefässe, welche (Arteria und Vena) bereits in mehrere Aeste gespalten den steilen Wänden dicht anlagen, bis sie den Rand der Chorioidea erreichten, wo die Retina ausser den Gefässen nur von einer geringen Menge Fasersubstanz gebildet war. In der Tiefe der Grube sass um die Gefässe etwas lockeres, da und dort pigmentirtes, mit unbestimmtzelligen Körperchen durchsetztes faserig-körniges Gewebe. Dahinter lagen dann die beträchtlich concav gewordenen Reste der Lamina cribrosa."

Dieser Befund gestattet den Schluss, dass der trichterförmigen Ablösung der Retina ein Zustand mit erhöhter Steigerung des intraoculären Druckes in Folge der Irido-Chorioiditis vorausgegangen war, umsomehr, als auch Sklerektasie vorgefunden wurde. Allem Anscheine nach würde ich in den von mir untersuchten (oben beschriebenen) Fällen gleichfalls eine

Excavation an der Eintrittsstelle des Sehnerven gefunden haben, wenn ich dieselbe genauer zu untersuchen Veranlassung gehabt hätte.

A. v. Graefe[1]) hat 1854 den Sectionsbefund zweier glaucomatöser Augen von einem 63jährigen Manne beschrieben, welchen er während eines Jahres beobachtet hatte.

„Das rechte Auge war seit mehreren Jahren vollständig blind, das linke hatte in den letzten Lebensmonaten eine etwas grössere trägere Pupille und intercurrirende Obnubilationen des Gesichtes gezeigt. Die Section erwies hochgradige atheromatöse Entartung der Gefässe an der Basis cranii und Verstopfung einzelner derselben. Die rechte Art. ophthalmica exquisit atheromatös, alle Arterien der Retina dieser Seite im höchsten Grade erkrankt, ebenso die Arterien der Chorioidea.

„Die Elemente der Netzhaut schienen noch leidlich erhalten, jedoch zeigten sich an mehreren Stellen graugelbe Flecke, welche zum Theil von Convoluten atheromatöser Gefässe feinsten Calibers, zum Theil von fettiger Entartung der Netzhautgebilde selbst herrührten. Uebrigens war trotz des lange bestehenden Processes kein entzündliches Exsudat in der Chorioidea oder zwischen dieser und der Netzhaut vorhanden. Nur mit zahlreichen Ecchymosen war die Chorioidea wie die Iris behaftet. An dem linken Auge waren die Arterien weniger erkrankt. Auf die Veränderungen des Opticuseintrittes habe ich leider bei der Section keine Rücksicht genommen, weil ich deren Bedeutung zu jener Zeit noch nicht kannte.“

H. Müller[2]) sprach Anfangs März 1856 in der Sitzung der physikalisch-medicinischen Gesellschaft über Glaucom und berichtete unter Vorlage von Präparaten über den anatomischen Befund an den Augen einer 83jährigen, seit langer Zeit erblindeten Person.

1. An der Eintrittsstelle des Sehnerven wurde eine Veränderung constatirt, welche den eigenthümlichen ophthalmoskopischen Effect, den diese Stelle in anderen Fällen von Glaucom gibt, zu erklären vermag. Jene bildete nämlich eine ziemlich tiefe Grube, an deren Wänden die Aeste der Centralgefässe dicht anlagen. Diese waren schon vor dem Eintritte in die Höhle des Bulbus in etwa zehn Aeste getheilt, welche dann getrennt im Umfang der Eintrittsstelle zum Vorschein kamen. Sie adhärirten dabei fest an der Sklerotika, weniger an der Chorioidea. In einem Auge sass in der erwähnten Grube ein etwas trübes und pigmentirtes Klümpchen, welches dem Glaskörper angehörte und unter Anderem Canäle von 0·02mm Weite enthielt, in denen jedoch kein Blut gefunden wurde.

1) A. f. O., I., pag. 380.
2) H. Müller's gesammelte und hinterlassene Schriften, I. Bd., von Otto Becker, Leipzig 1872, pag. 340.

Anmerkung. Im A.f.O., IV, pag. 6 lautet diese Stelle: „Die Eintrittsstelle des Sehnerven bildet in beiden Augen bei Betrachtung von Innen
her eine deutliche Grube, welche, mit steilen Rändern sich einsenkend, offenbar in die Sklera hineinragt. Am Rande kommen die Aeste der Centralgefässe heraus, etwa zehn, die kleinen ungerechnet. Dieselben liegen dem
Rande der Chorioidea dicht an, wo sie umbiegen, und die Dicke der Retina
scheint dort nicht grösser zu sein, als eben durch die Gefässe bedingt ist.
Uebrigens ist die Umgebung der Eintrittsstelle unverändert. An
einem Auge war der Sehnerv dicht hinter der Sklera abgeschnitten worden. Die
erwähnten Aeste der Centralgefässe aber blieben demungeachtet an dem Rande
dieser Oeffnung angeheftet, also an einer Stelle der Sklera, von der sie sonst
ringsum durch die aufsteigenden Bündel des Sehnerven getrennt sind. An
dem zweiten Auge zeigte sich der Rand der Grube ganz steil, theilweise
überhängend, der Boden schwach concav. Die Gefässe der Retina erleiden eine zweimalige scharfe Knickung. Die Tiefe der Grube
beträgt circa 0·5mm, vom Niveau der Chorioidea aus gemessen, da die
Dicke der Retina nicht gut zu bestimmen ist (wegen Maceration). Die
Lamina cribrosa ist sehr beträchtlich concav und zusammengedrängt hinter
der zunächst aus etwas lockerem Fasergewebe gebildeten Wand der Grube
zu sehen.“

2. Der Glaskörper war hinten zum grössten Theile flüssig, nach
vorne dagegen hinter der Zonula sass ein ringförmiger Wall von ziemlich
fester Gallerte. Die weisse Trübung oder bräunliche Färbung einzelner
Stellen rührte von blassen Molekülen oder von rothbraunen Pigmentklumpen
her. Müller glaubte hier wie in anderen Fällen eine Ablösung der Glashaut von der Netzhaut zu erkennen, welche der Ablösung der Netzhaut von
der Chorioidea in manchen Beziehungen analog ist.

3. Die Netzhaut lag der Chorioidea überall an, war sogar in den
peripheren Partien theilweise mit ihr verklebt. Sie war ferner, vorzugsweise an den letztgenannten Stellen, atrophisch und durch Einlagerung von
rothbraunem, zum Theil in Zellen enthaltenem Pigment streifig marmorirt.
Das Pigment lag hauptsächlich in der Nachbarschaft der Gefässe, in den
Wandungen und im Lumen derselben, welches dadurch in grösseren oder
kleineren Stellen obturirt war. Es war somit nicht zu bezweifeln, dass dieses
Pigment durch Metamorphose von Blut neugebildet war. Ausserdem waren
manche Gefässe durch eine gelbliche körnige Masse verstopft. Diese
Veränderungen an den Gefässen erstreckten sich auch auf ein Stück des
Sehnerven.

Anmerkung. Im A.f.O., IV, pag. 6 lautet die Beschreibung der Netzhaut: „Die Netzhaut liegt der Chorioidea überall an, ist mit den verdünnten
Stellen derselben theilweise verklebt, jedoch trennbar. Genauere Angaben
über die Elemente gestattet die beginnende Maceration nicht, doch zeigt sich
eine Atrophie der vorderen Partien in der Weise, dass diese fast nur
aus verdickter Limitans mit dem faserigen Gerüste bestehen, weshalb die
Netzhaut dort im Wasser kaum trüb wird. Ausserdem ist dieselbe an vielen
Stellen beider Augen braun gestreift und marmorirt. Das rothe bis
braune Pigment ist zum Theil in Zellen enthalten, folgt besonders dem
Laufe der Gefässe, liegt auch streckenweise in deren Lumen. Ausser-

dem sind einzelne Gefässe von einer blassgelblichen körnigen Masse verstopft. Diese Veränderungen finden sich theils ganz nahe an der Ora serrata, theils dicht an der Eintrittsstelle an den grossen Gefässen."

4. Die Chorioidea zeigte im Hintergrunde des Auges keine beträchtlichen Veränderungen, dagegen waren die vorderen Partien derselben zum Theil von hochgradiger Atrophie mit Veroödung der Gefässe betroffen. Diese Stellen waren zugleich mit der Retina und noch fester mit der Sklerotica verklebt. Die Suprachorioidea war fast überall etwas atrophirt, und ebenso der Ciliarmuskel an manchen Stellen, der Ciliarkörper wenig verändert, in hohem Grade dagegen die Iris. Der sehr atrophische Ciliarrand hing zum Theil fester an der Hornhaut als am Ciliarkörper, mit welchem die Verbindung mehr lose war; theils pigmentirte, theils farblose Massen obturirten streckenweise die Gefässe und lagen auch sonst in der anderwärts stark verdünnten Membran. In dem einen (wahrscheinlich durch Keratonyxis operirten) Auge war ein Theil der Pupille durch einen Pfropf verschlossen, der zugleich an der Linse wie an der Hornhaut fest haftete. Müller glaubt, dass ein Theil der genannten Veränderungen, wie auch derjenigen, welche sich am Sehnerveneintritt fanden, mit der durch v. Graefe hervorgehobenen Vermehrung des Druckes im Augapfel zusammenhänge, welche sich bei dergleichen Leiden findet.

5. Die Linse war beiderseits etwas getrübt, namentlich die corticalen Schichten verändert, die Kapsel durch Auflagerungen getrübt, welche in der Mitte der Vorderwand am stärksten waren. In einem Auge war die Linse etwas aus ihrer Lage verschoben.

6. Die Hornhaut selbst war fast durchsichtig, zwischen den einzelnen Lamellen etwas pigmentirt, die Descemet'sche Haut stärker warzig, verdickt und mit Auflagerungen versehen, welche theils glashell, theils durch fibröse Structur weiss erschienen. Ein merkwürdiges Verhalten zeigte die vordere Fläche der Hornhaut. Dieselbe war nämlich beiderseits von einer weisslichtrüben, ziemlich gleichmässigen, membranösen Schicht überzogen, welche leicht über die ganze Hornhaut weg abgezogen werden konnte. Diese Schicht bestand aus einer streifigen Masse, mit zahlreichen, den Hornhautkörperchen ähnlichen, ästigen Zellen, war mit Gefässen versehen und an der freien Fläche mit einem Epithel bekleidet, welches durch geringe oder mangelnde Schichtung und eigenthümliche drüsenähnliche Einstülpungen ausgezeichnet war. Dabei war hervorzuheben, dass die ganze Schicht über der sehr wohl ausgeprägten vorderen Glaslamelle der Hornhaut lag.

7. An den beiden Augenarterien und ihren grösseren Aesten war keine Verknöcherung oder sonst erhebliche Veränderung aufzufinden, ebensowenig an den grossen Gefässen nächst dem Herzen.

8. Die Ciliargefässe zeigten eine Abweichung von dem Zustande, wie er gewöhnlich beschrieben wird, darin, dass die langen, sowie die vorderen Ciliararterien eine grössere Anzahl ziemlich beträchtlicher Zweige über die Ora serrata rückwärts zur eigentlichen Chorioidea sendeten. Uebrigens hat Müller eine ähnliche Anordnung auch bei anderen Augen bereits angetroffen und ist der Ansicht, dass die Bedeutung dieses Verhaltens erst weiter zu verfolgen ist.

Kurze Zeit nach dieser umfassenden Beschreibung des Sectionsbefundes bei Glaucoma veröffentlichte H. Müller[1]) seine klassische Untersuchung über die „Niveauveränderungen an der Eintrittsstelle des Sehnerven", respective über die Excavation bei Glaucom. Er wiederholt zunächst das Wesentliche des eben citirten Sectionsbefundes und fügt eine skizzirte Abbildung der Excavation (von dem genannten Falle) hinzu. Die Tiefe der Grube an der Eintrittsstelle betrug 0·5^{mm}. Die Lamina cribrosa war sehr beträchtlich concav und zusammengedrängt hinter der zunächst aus etwas lockerem Fasergewebe gebildeten Wand der Grube zu sehen.

In einem zweiten Falle beschränkt sich die Beschreibung des Sectionsbefundes fast nur auf die Eintrittsstelle des Sehnerven. „Die Bulbi stammten von einem 83 Jahre alten Manne, welcher nur auf dem rechten Auge noch einen Schein gehabt haben soll, waren gross (Achse 26, äquatorialer Durchmesser 25—27^{mm}) und etwas viereckig, und zeigten einen starken Arcus senilis, die Sklera hie und da verdünnt, die Durchtrittsstellen der vorderen Ciliargefässe sehr deutlich."

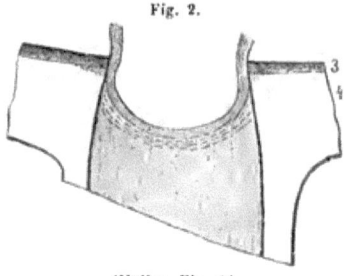

Fig. 2.

(Müller, Fig. 6.)

Linkes Auge. „Der Sehnerv ist atrophisch, grau, enthält nur wenige dunkelrandige Tröpfchen als Reste des Nervenmarks. Die Retina ist vor Allem durch Atrophie der Nervenfaserschicht ausgezeichnet, während die äusseren Schichten relativ wohl erhalten sind. Doch sind die Stäbchen nur hie und da zu erkennen (zum Theile cadaverös?) und es kommen unter Anderem Erweiterung und Varicosität der Blutgefässe, leichte Pigmentirung u. dgl. vor, sowie auch die Zellen spärlich und rudimentär sind, eher kleiner und undeutlicher als die inneren Körner. In der Nähe der Eintrittsstelle messen die äusseren Schichten 0·18^{mm}, in 0·2—3^{mm} Entfernung vom Rande

---

[1]) A. f. O., 1858, IV. b, pag. 6.

noch 0·15ᵐᵐ, dann schärfen sie sich rasch zu. Die Nervenschicht misst 0·2ᵐᵐ, vom Rande nur 0·1ᵐᵐ, auf dem Rande
selbst nur 0·16ᵐᵐ, und dies nur
durch die darin befindlichen Ge-
fässstämmchen. Zwischen diesen ist
die Höhe geringer. Die Eintrittsstelle selbst (s. die Skizze Fig. 5
von einem Schnitte nahezu im
senkrechten Meridian) bildet eine
Grube, deren etwas concaver Grund
ca. 0·5ᵐᵐ hinter das Niveau der
Chorioidea hinausreicht. Rechnet man die Dicke der Retina

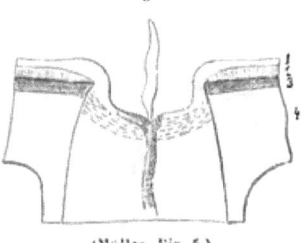

Fig. 3.

(Müller, Fig. 5.)

hinzu, so ergibt sich als totale Tiefe der Grube etwa ³/₄ᵐᵐ,
während die Weite im Niveau der Chorioidea etwa 1¹/₄ᵐᵐ aus-
macht. Diese Grube ist zunächst ausgekleidet von
einem die Blutgefässe umhüllenden, mit der Nervenschicht der Retina continuirlichen Fasergewebe. Wo
diese Schicht am Rande der Chorioidea vorbeigeht, beträgt
der Abstand der Oberfläche horizontal gemessen 0·1—0·15ᵐᵐ,
je nachdem ein Gefäss dort liegt oder nicht. Sie steigt an der
Seitenwand der Grube ganz steil hinab, um dann wieder an
dem Boden derselben umzubiegen. Die Centralarterie steigt
im Sehnerven gegen die Mitte des Grubenbodens auf, um sich
dort in ihre Hauptäste zu spalten, welche sich schon innerhalb
der Grube wieder weiter theilen, indem sie an deren Wänden
hinaukriechen, wo sie den Rand der Chorioidea unmittelbar
berühren. Von der Haupttheilungsstelle der Arterie ragt in
den grossentheils verflüssigten Glaskörper ein structurlos-
streifiger Zapfen vor. Unter der erwähnten lockeren Schicht
liegt dann ein sehr dichtes, von der Gegend der Lamina
fusca ausgehendes Gewebe, welches eine am Rand der Grube
stark nach hinten geneigte, in der Mitte dagegen schwächer
concave Lamelle bildet. An diese schliessen sich dann,
allmälig weniger nach hinten gekrümmt, schwächere
Faserzüge an, welche den hinteren Theil der Lamina cribrosa darstellen. Die dichte Wand der Grube zeigt hinter
der Chorioidea eine an manchen Schnitten sehr beträchtliche

seitliche Ausbuchtung, so dass der Rand der Chorioidea
bedeutend vorragt."

Rechtes Auge. „Der Sehnerv enthält hier noch meistens
wohlerhaltene dunkelrandige Fasern; nur einzelne Bündel sind
in Atrophie begriffen. In der Re-

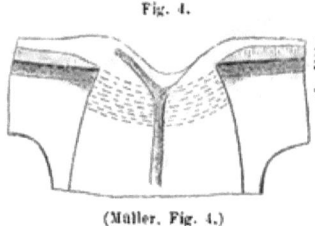

Fig. 4.

(Müller. Fig. 4.)

tina ist die Nervenschicht viel
weniger atrophisch, sind die Zellen
z. B. am gelben Fleck gut zu
sehen, die Stäbchen aber ebenfalls nicht wohl erhalten. Von der
Eintrittsstelle gibt Fig. 4 die Skizze
eines Schnittes im horizontalen
Meridian. Die Grube ist trichterförmig, mit Ausnahme des
engen Grundes von convexen Wänden begrenzt. Ihr Grund
ragt etwa 0·2^{mm} über das Niveau der Chorioidea hinaus, noch um die Hälfte mehr, wenn man bis zur dichteren
Substanz rechnet, wo die Gefässe liegen. (Es ist an dünnen
Schnitten schwer, die durchsichtige Schicht, welche
über den Grund der Grube zieht, nicht zu über- oder
unterschätzen.) Die Weite der Grube im Niveau der
Chorioidea beträgt circa 0·7^{mm}. Sie liegt etwas mehr gegen
die Seite der Macula lutea, wo die Nervenschicht auch hier
geringer ist. Die Höhe der Retina über dem Rande der Chorioidea beträgt auf dieser Seite 0·3, auf der anderen 0·35^{mm},
so dass sich eine totale Tiefe der Grube von etwa 0·6^{mm}
ergibt (links $^3/_1{}^{mm}$). Vom Rande der Chorioidea stehen die
Wände derselben beträchtlich weiter ab als im linken Auge,
0·25—0·3 auf der Seite der Macula, 0·4—0·5 auf der anderen,
je nachdem Gefässe getroffen sind oder nicht. Eines der Centralgefässe theilt sich gerade am Grund der Grube, also hinter
dem Niveau der Chorioidea, aber die Aeste, welche nahe
der Oberfläche aufsteigen, gelangen hier (noch) nicht
in unmittelbare Nachbarschaft des Chorioidealrandes.
Die äusseren Schichten der Retina verdünnen sich schon vor
dem Rande etwas, doch nicht in dem Masse wie sonst bisweilen. Die Faserung der Lamina cribrosa ist in der
vorderen Partie vom Rand her noch wenig rückwärts geneigt,

während sie dicht am Grunde der Grube ziemlich stark und
plötzlich nach hinten ausweicht. Die hintere Partie derselben ist kaum auffällig verschoben."

Anmerkung. Wenn man diese Befunde H. Müller's liest und wieder
liest, besonders aber wenn man sie mit späteren Publicationen von Sectionsbefunden vergleicht, so muss man staunen über die Genauigkeit, Umsicht und
Objectivität dieser anatomischen Untersuchungen. Bei genauer Kenntniss
und Würdigung derselben, wenigstens bei dem Bestreben, dieselben durch
Controluntersuchungen zu widerlegen oder zu bestätigen, würde die Glaucomlehre viel mehr gefördert worden sein, als dies auf anderen Wegen versucht
worden ist.

A. Pagenstecher's[1]) ausführliche Beschreibung des Sectionsbefundes der Bulbi einer 56jährigen Frau, welche an den
Folgen von Morbus Brighti chronicus gestorben und während
des Bestehens dieser Krankheit zwei Jahre vor ihrem Tode
sehr rasch unter glaucomatösen Erscheinungen erblindet war,
möge hier übergangen werden, weil sich nicht entscheiden
lässt, wie weit die vorgefundenen Veränderungen etwa von
dem Morbus Brighti beeinflusst worden waren, und weil Pagenstecher sein Augenmerk hauptsächlich auf die Veränderungen
(Gefässneubildung) im Glaskörper gerichtet hat.

Von hohem Interesse ist die bekannte Beobachtung von
Coccius,[2]) wenngleich dieselbe, besonders was die Unter-
suchung der Eintrittsstelle des Sehnerven, der Iris und des
Ciliarkörpers betrifft, nähere Angaben vermissen lässt.

„Im Jahre 1860 erhielt ich die Augen einer 71 Jahre alten Frau, welche
ich Anfangs Februar 1859 wegen Glaucom beider Augen in Behandlung genommen hatte. Die Kranke, früher in guten Verhältnissen, war schwächlich
und litt nach ihrer Aussage erst seit neun Wochen an Gesichtsabnahme unter
Ciliarneurose. Das Gesicht war so weit erloschen, dass sie geführt werden
musste; sie zählte mit dem rechten Auge noch mühsam Finger; mit dem
linken Auge, welches übrigens eine umfangreiche, central gelegene, graugelbe Hornhauttrübung (von einer Entzündung in der Jugend) darbot, vermochte sie nur den Schein einer bewegten Hand wahrzunehmen. Die Ciliargefässe waren mässig injicirt, die Hornhäute rauchig getrübt, die vorderen
Kammern von mittlerer Tiefe, die Pupillen mässig erweitert, die Iris starr,
der Hintergrund nur leuchtend, keine Besichtigung der Netzhaut möglich,
beide Bulbi sehr gespannt. Iridektomie. Nach derselben sank die Hornhaut,
besonders des rechten Auges, stark ein. Das rechte Auge war nach acht

---

[1]) A. f. O., 1860, VII. a, pag. 92.
[2]) A. f. O., 1863, IX. a, pag. 1.

Tagen so weit gebessert, dass sie mittelgrossen Druck, nach vier Wochen Jäger Nr. 4 las. Das linke Auge vermochte nur Nr. 16 zu lesen. Das Gesicht des rechten Auges hatte sich bis zu ihrem Tode ungestört erhalten. Von den Augen wurden die Cornea, die Iris und die Linse entfernt und die Bulbi mit Chromsäure behandelt. Die Cornea beider Augen war mit starkem Greisbogen versehen, sonst, ausser der Trübung am linken Auge, normal, die Linsen gelblich, der Glaskörper in seinem Innern etwas erweicht und es fanden sich in ihm theils fettig entartete Zellen, theils Zellen mit mehreren Kernen versehen, theils freie Kerne mit Uebergängen zu jungen Zellen vor. Der Form nach waren jene theils Spindel-, theils Epithelialform und hie und da mit verästelten Fortsätzen versehen. Die Retina bot in beiden Augen weder abnorme Verbindungen, noch besondere Veränderungen in der Zellenschicht dar; die Excavation des N. opticus war in beiden in mässigem Grade auf Querschnitten zu sehen. Die Aderhaut war gleichmässig mit dunklem Epithel versehen, nur an einzelnen kleinen Stellen vor der Aequatorialgegend war dasselbe etwas lichter; im Bindegewebsstroma erschienen die Zellen mehr oder weniger platt gedrückt, das ganze Aderhautstroma überhaupt resistenter, steifer als im Normalzustande, am meisten zeigte sich dies an der Glaslamelle derselben; von den sternförmigen Zellen war eine Anzahl fettig entartet.

„An der Sklera fiel mir die Steifigkeit, Resistenz und gelbliche Farbe bei der Besichtigung und bei der Section etwas auf; ich untersuchte die Skleren von ihrem vorderen Theile bis zur Eintrittsstelle des Sehnerven auf Quer- und Horizontalschnitten. Hiebei ergab sich von vorn bis hinten durchgehends eine fettige Metamorphose der Sklera, und zwar in einem solchen Grade, wie ich sie in dieser Membran noch nie gesehen hatte, obgleich ich früher bei einer Arbeit über die Hornhaut genug Skleren älterer Leute untersucht hatte. Ich fand das Bindegewebsnetz der Sklera zum grössten Theil fettig entartet. Die Grundsubstanz erschien gelblicher und dichter als im Normalzustande, die fettig entarteten Bindegewebskörper zeigten sich alle vollständig mit Fettkörnchen erfüllt, ausserdem war noch vieles Fett diffus und in Herden zwischen den Skleralfasern vorhanden. Diese krankhafte Veränderung zeigte sich nicht an allen Stellen gleichmässig in Bezug auf die Tiefe, an manchen Stellen mehr in der äusseren Skleralschicht, an manchen mehr in der inneren und mittleren, an wieder anderen Stellen fast gleichmässig auf dem Querschnitt. Ebenso war zwischen den vorderen, mittleren und hinteren Theilen der Sklera eine vorzugsweise Erkrankung nicht in dem Grade vorhanden, so dass etwa ein Theil derselben frei zu nennen gewesen wäre; doch kamen die vollendetsten Bilder der Degeneration vorzüglich auf Querschnitten in der Aequatorialgegend und von da nach hinten zu vor. Die Entartung der Zellen ging im hinteren Theile nicht allein bis dicht an die Grenze der Lamina cribrosa heran, sondern zeigte sich noch ebenso in der Lamina cribrosa selbst. Gefässe habe ich aber in der Sklera überhaupt nicht fettig entartet angetroffen, so dass ich allein das saftführende Bindegewebsnetz als den Hauptsitz und Ursprung der Erkrankung der Sklera angeben muss." Er hält diese Veränderung in der Sklera für identisch mit der Veränderung der Intima der Arterienhäute nach Virchow (Cellularpathologie) und schliesst mit den Worten: „Wir können somit das

Wesen des Glaucoms für den vorliegenden Fall als eine fettige Degeneration der Sklera aussprechen, welche durch die genannte Ernährungsstörung eine Schrumpfung einging und hiedurch den von ihr umfassten Bulbusinhalt unter einen erhöhten Druck versetzte, der durch die Iridektomie geheilt wurde." In der 1868 erschienenen Arbeit über den Mechanismus der Accommodation beruft sich Coccius auf pag. 92 noch auf zwei Fälle von senilem Glaucom, in welchen er das chronische Glaucom auf Einengung des Bulbusinhaltes durch Schrumpfung des Skleralgewebes in Folge fettiger Entartung seiner Bindegewebskörper zurückzuführen sich veranlasst sah.

Der von Herrn. Pagenstecher[1]) veröffentlichte Sectionsbefund eines Auges, welches vor zwei Jahren unter heftigen Schmerzen im Verlaufe mehrerer Wochen erblindet war, keine quantitative Lichtempfindung mehr zeigte und wegen zeitweise auftretender Ciliarneuralgie enucleirt worden war, zeigte trichterförmige Netzhautabhebung, eine sonst nirgends beobachtete eigenthümliche Veränderung der Cornea, periphere Anlagerung der atrophischen Iris an die Cornea, Verkleinerung der nach vorn verschobenen Ciliarfortsätze, im Ciliarmuskel eine grosse Menge von ovalen, spindel- und sternförmigen pigmenthaltigen Zellen, eine $1 \cdot 2^{mm}$ tiefe Excavation, deren Boden von einer querverlaufenden durchscheinenden Faserlage gebildet wurde und deren Höhlung von einem äusserst zellen- und gefässreichen Gewebe eingenommen wurde, welches sich noch zum Theil in den eigentlichen Glaskörperraum hinein erstreckte.

Magni,[2]) dessen Aufmerksamkeit bereits 1862 vorzugsweise auf den atrophischen Zustand der Ciliarnerven in glaucomatösen Augen gelenkt worden war und der auf Grundlage seiner einschlägigen Befunde das Wesen des Glaucoms auf diesen Zustand zurückführen zu können vermeinte,[3]) veröffentlichte im Februar 1871 höchst interessante Befunde an glaucomatösen Augen und illustrirte dieselben durch ausgezeichnet schöne Abbildungen, deren einige hier beizufügen ich für zweckmässig erachte.

---

[1]) A. f. O. (1871), XVII.b, pag. 117.

[2]) Contribuzione allo studio del Glaucoma (con tavola), estratto dal Giornale la Rivista clinica, Febbraio 1871.

[3]) Il processo glaucomatoso considerato da nuovo punto di vista, Bologna 1862.

Fig. 1 zeigt den Durchschnitt des rechten Auges einer Frau mit Glaucoma simplex, an welchem Magni zur Aufhaltung des Processes die Iridektomie gemacht hatte. Die Frau konnte bis zu ihrem vier Jahre später erfolgten Tode mit entsprechenden Convexgläsern lesen. Der Bulbus mass transversal (mit Einschluss der Sklera) 24ᵐᵐ, sagittal 24ᵐᵐ mit Hinzurechnung der hinten 1ᵐᵐ dicken Sklera.

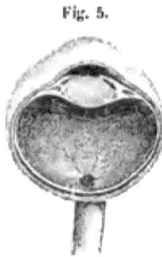

Fig. 5.

(Magni, Fig. 1.)

Anmerkung α. Nach Schnabel (Archiv für Augen- und Ohrenheilkunde, VII, pag. 121) betrug bei 26 Augen von 14 weiblichen Individuen, deren jüngstes 63, deren ältestes 85 Jahre alt war, die Augenaxe mindestens 21, höchstens 23·7ᵐᵐ (durchschnittlich sagittal 22·4, quer 22·1, senkrecht 21·2ᵐᵐ), bei 9 Männeraugen (vom 59. bis zum 82. Jahre) die kürzeste Achse 23·4, die längste 24·8ᵐᵐ (durchschnittlich sagittal 23·9, quer 23·4, senkrecht 22·8ᵐᵐ).

Die vordere Kammer war auf ein Minimum reducirt. Der Glaskörper war sehr eingedickt (denso).

Anmerkung β. Leber bemerkt im A. f. O, XV. c, pag. 239: „Ich habe wiederholt an pathologisch veränderten Augen diesen Gerinnungsprocess in verschiedenen Stadien zu untersuchen Gelegenheit gehabt und mich dabei überzeugt, dass die flüssigen Exsudate im Inneren des Auges, welche sich immer durch einen bedeutenden Gehalt von Albuminaten auszuzeichnen pflegen, durch die allmälige Einwirkung einer Lösung von chromsaurem Kali, wie sie besonders beim Erhärten des uneröffneten Auges stattfindet, in eigenthümlich gallertiger Weise gerinnen. Die Substanz behält zum grössten Theile ihre Durchsichtigkeit. Durch längere Einwirkung des Reagens bekommt sie einen immer zunehmenden Grad von Härte, behält jedoch immer noch ihr durchscheinendes Aussehen.“

Fig. 6.

Die Papille in charakteristischer Weise, doch nicht vollständig excavirt.

Auf der Fig. 2, welche die Aussenfläche der Chorioidea (eine Hälfte davon) zur Anschauung bringt, findet man nicht einmal die Hälfte der gewöhnlichen Zahl der Ciliarnerven.

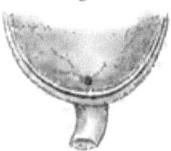

(Magni, Fig. 3.)

Fig. 7.

Fig. 3 zeigt ein hinteres Segment des linken Auges von derselben Dame, welches wegen vollständiger Blindheit nicht hatte operirt werden können. Es hatte eine sehr tiefe Excavation, Steinhärte, atrophische Mydriasis und vollständig aufgehobene Vorderkammer dargeboten. Die sagittale Achse betrug (mit Einschluss der 1·3ᵐᵐ dicken Sklera) 22·3ᵐᵐ, der transversale Durchmesser 24ᵐᵐ. An der Aussenfläche der Chorioidea (Fig. 4) ist die Lamina fusca kaum nachzuweisen und sieht man (in der abgebildeten Hemisphäre) nur drei von den Ciliarnerven und diese sichtlich in vorgerückter Atrophie.

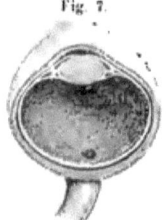

(Magni, Fig. 5.)

Fig. 5 zeigt den Durchschnitt eines an Glaucoma simplex vollständig erblindeten Auges von Steinhärte, mit Atrophie der Iris, Aufhebung der vorderen

Kammer und tiefer charakteristischer Excavation. Der Glaskörper war sehr eingedickt (densissimo) und der sagittale Durchmesser betrug 19·5ᵐᵐ, mit Hinzurechnung der hinten 1·5ᵐᵐ dicken Sklera demnach 21·0ᵐᵐ, der transversale (sammt Sklera) 19ᵐᵐ. An der Aussenfläche der Chorioidea war (wie Fig. 6 zeigt) keine Spur von Lamina fusca sowohl als von Ciliarnerven zu sehen.

Fig. 10. Durchschnitt eines linken, wegen Glaucoma simplex iridektomirten Auges mit deutlich ausgesprochener Excavation. An der äusseren Seite sieht man das Fehlen der Iris und daher einen kleinen Kammerraum. Ein sehr eingedickter Glaskörper ist auf eine sehr kleine Masse reducirt, da das Auge lange in Chronisäure gelegen war und dem Glaskörper der grössere Theil der wässerigen Bestandtheile entzogen worden war. Der Abstand der vorderen Fläche der Cornea von der vorderen Kapsel betrug 1ᵐᵐ, der zwischen der vorderen und hinteren Kapsel 6ᵐᵐ, zwischen letzterer und dem hinteren Pole 14ᵐᵐ (die Dicke der Sklera 1ᵐᵐ), der transversale Durchmesser 24·5ᵐᵐ, der sagittale demnach 21ᵐᵐ.

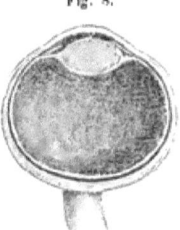

Fig. 8.

(Magni. Fig. 10.)

Wenn man demnach ein Auge mit Glaucoma simplex anatomisch untersucht, so findet man, dass es nach dem Tode nicht so welk wird wie ein normales oder hydrophthalmisches, weder in demselben Grade noch nach der gleichen Zeit, vermöge der Gefässfüllung und vermöge der Verdunstung des wässerigen Theiles seines Inhaltes. Auf dem Durchschnitte sieht man die Cornealkrümmung verflacht, die Grösse der Schnittfläche der Cornea, Sklera und Retina über die Norm erhöht, und in der Retina ist die cadaveröse Falte am gelben Flecke fehlend oder kaum wahrnehmbar, wogegen die Fovea centralis sehr tief erscheint. Im Uvealtractus findet man deutliche Zeichen der Atrophie; er ist von vorn nach hinten kürzer, Iris und Lamina fusca sind atrophisch, die Ciliarnerven vermindert oder ganz fehlend, die Chorioidea weniger weich. Die Kammer ist auf ein Minimum reducirt, der Glaskörper dichter, der Rauminhalt desselben merklich vermindert.

Fig. 15 gibt den mikroskopisch vergrösserten Durchschnitt der Sehnerveneintrittsstelle eines nicht ganz erblindeten glaucomatösen Auges. Man sieht die Nervenmasse auf der einen Seite ganz fehlen, auf der anderen reducirt auf ein Sehnervenfaserbündel, welches um den peripapillaren Rand der Chorioidea umbiegt, sowie das verdichtete durchsichtige Bindegewebe, welches sich zwischen den einzelnen Bündeln des Sehnervenkopfes vorfindet; dieses bindegewebige Geflecht ist wohl nur eine Modification der Nervenbündelscheiden und setzt sich dann in die Netzhaut fort, um die Bindegewebshülle zu bilden, die man beim Glaucom sichtlich sklerosirt findet. Bei stärkerer Vergrösserung sieht man sowohl die Membrana limitans mehr verdickt und wellenförmig verbogen, als auch die Schichte der Sehnervenfasern verdünnt. Die Chorioidea zeigt auf dem Durchschnitte sehr deutlich die Glaslamelle, welche sonst im normalen Zustande nicht leicht zu sehen ist, und Atrophie des Pigmentes in den Pigmentzellen, welche die Gefässe umgeben und wie gewöhnliche Bindegewebskörperchen aussehen. In der Sklera erscheint die Faserung viel trockener, derber und dichter, daher auch die Durch-

schnitte der direct in entgegengesetzter Richtung verlaufenden Bündel viel
näher aneinander gerückt. Der Opticus ist auf seinem Durchschnitte sehr
durchsichtig und gelingt es nur wenige Nervenbündel deutlich abzugrenzen,
da die bindegewebigen Scheiden theils geschwunden, theils sklerosirt sind.
Die horizontalen (queren) Verbindungen dieser Scheiden — welche ja die
Lamina cribrosa bilden — sind dichter (enger) aneinander gedrängt und die

Fig. 9.

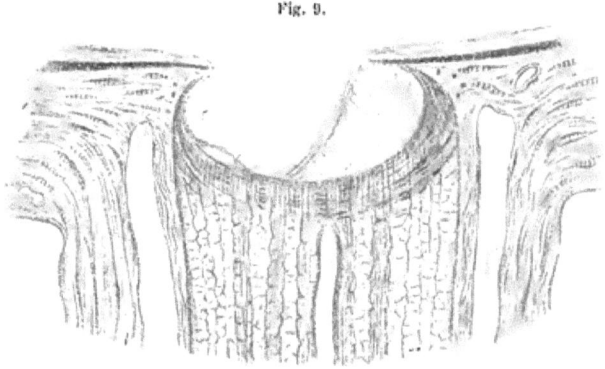

(Magni, Fig. 15.)

Lamina selbst erscheint weit concaver; jedoch ist die Oeffnung bei solcher
Form der Lamina cribrosa und der Excavation viel enger als die Area der
Lamina selbst. Der Zwischenraum zwischen der inneren und äusseren Opticus-
scheide ist vergrössert und mit normalen Bindegewebsbündeln erfüllt. Die
Tiefe verdankt die Excavation wohl zum Theil auch der Verdichtung der
Bündel der Lamina cribrosa, als nothwendiger Folge der Atrophie der Nerven-
bündel in der Retina.

Von Knies'[1] fünfzehn Befunden, bei deren Aufnahme
das Augenmerk besonders auf den sogenannten Fontana'schen
Raum und dessen Nachbarschaft gerichtet war, können eigentlich nur die drei letzten hier angezogen werden; bei den übrigen
lag entweder nicht einfach ein Glaucom vor oder wurde nicht
der gesammte Zustand des Bulbus aufgenommen.

Frau G.,[2] 40 Jahre alt, trat am 22. Juli 1874 wegen einer seit vier
Wochen bestehenden Sehstörung des linken Auges in Dr. Hirschberg's Behandlung. Das rechte Auge war und blieb unversehrt. Links: Finger in 12',
concentrische Gesichtsfeldbeschränkung, Pericornealinjection, Verfärbung der
Iris, Pupille mittelweit, auf Licht schwach reagirend; leichte diffuse Trübung
der Medien, zahlreiche rundliche Blutungen im Centrum der Netzhaut, grössere

[1] A. f. O., 1876, XXII. c, pag. 163.
[2] Ibid. pag. 177; vergl. Hirschberg, Beiträge zur prakt. Augenheilkunde. Berlin 1876.

in der Peripherie, Netzhautvenen stark hyperämisch, Papille seicht, aber in
toto excavirt. Kurz vor der Iridektomie am 20. August: Bedeutende Gesichtsfeldeinschränkung nach innen, Auge reizlos, Pupille ad maximum erweitert,
Spannung erhöht; ganz feine Trübung der Medien, so dass das Bild des
Augengrundes wie angehaucht erscheint, flache Totalexcavation; im Areal der
Papille spontane Pulsation des ganzen arteriellen Gebietes, die Blutungen in
der Netzhaut noch vorhanden. Am 28. August frische Netzhautblutungen,
kein Pulsiren, Spannung normal. Am 2. September frische Blutungen an der
Papille. „Da die Schmerzen nicht abnahmen und die Wundregion vorgetrieben blieb, wurde Ende September neben der ersten noch eine zweite Iridektomie gemacht." Die Narbenregion blieb bläulich und leicht prominent
wie ein flaches wurstförmiges Staphyloma ciliare. Allmälig entwickelte sich
tiefe weisse Totalexcavation und gänzliche Blindheit, die Medien wurden rein,
die Blutextravasate schwanden bis auf geringe Spuren. Wegen Schmerzen
in dem Auge wurde das Auge Ende April 1875 enucleirt. Makroskopi-
scher Befund: Hornhaut flach, nach unten ektatische Narbe; vordere
Kammer flach, Iris atrophisch und peripher mit der Hornhaut verwachsen.
Linsenachse 7mm. Glaskörper anliegend, von Strängen durchsetzt, die vorwiegend von der Gegend der Papilla gegen den hinteren Linsenpol hinziehen;
die Netzhaut überall anliegend, von Blutungen nicht viel zu sehen; tiefe
Sehnervenexcavation. Mikroskopischer Befund: Corpus ciliare
im musculösen Theile sehr atrophirt; Iris an der Stelle der Verwachsung (mit
der Cornea) bis fast auf das hintere Pigment atrophirt, das letztere am freien
Rande etwas nach vorn herübergezogen; an der Iridektomienarbe sieht man,
dass der Irisstumpf mit den beiden Wundlippen verwachsen und dass die
ganze ektatische Narbe von auseinandergezerrtem Irisgewebe ausgekleidet ist;
die Chorioidea normal, nur ganz in der Peripherie finden sich vereinzelte
Verdickungen der Lamina elastica; von zelliger Infiltration keine Spur vorhanden; die Excavation zeigt anderen gegenüber keine Besonderheiten;
die Nervenfaserschicht der nur stellenweise etwas gefalteten Netzhaut, besonders aber die Ganglienzellenschicht sind einfach atrophirt; die Stäbchen-
und Zapfenschicht zeigt neben vereinzelten normalen Gebilden die sonder-
barsten verästelten, kolbig angeschwollenen Formen; dieselben sind offenbar
Auswüchse der Limitans externa und stehen mit Körnern der äusseren Körner-
schicht in nachweislichem Zusammenhange. Von den Blutungen sieht man
nur noch einzelne Pigmenthaufen, besonders an den Gabelungen der Gefässe;
diese selbst sind durchaus normal; von atheromatöser Entartung der Gefässe
war nichts nachzuweisen. Die Limitans interna zeigte sich kolossal verdickt und lamellös geschichtet, mit nicht ganz scharfer Grenze gegen den
Glaskörper. Durch theilweise concentrische Schrumpfung war die Netzhaut
stellenweise gefaltet und die Falten nach der Chorioidea hin mit amorphem
Exsudat erfüllt.

Frau B., 71 Jahre alt, kam am 24. Februar 1874 zu Hirschberg in
Behandlung. Sie sah seit zwei Jahren auf dem rechten Auge schlecht, seit
Weihnachten 1873 auch auf dem linken mit periodischen Verschlimmerungen,
welche mit lebhaften Kopfschmerzen einhergingen. Rechts S = 0, Pupille
mittelweit, starr, Bulbus steinhart, episklerale Venen entwickelt, diffuse Trübung der brechenden Medien, so dass die Papilla nur eben noch als excavirt

erkannt werden kann. Links leichte Pericornealinjection, Pupille weiter als rechts, mit einzelnen Synechien. Papilla excavirt mit exquisitem Arterienpuls. Peripapilläre Aderhautatrophie. Tension $+ 1$ bis $+ 2$. Finger auf mehrere Fuss bei Kerzenlicht. 25. Februar 1874 beiderseits Iridektomie. Die Kopfschmerzen lassen sofort nach. 26. Februar ist die Sehschärfe besser. Der Augenspiegel zeigt jetzt rechts deutlich eine tiefe, gefässlose Excavation mit ringförmiger Aderhautatrophie; links hat der Aterienpuls aufgehört, die Excavation der Papilla stellt ein flaches Tonnengewölbe vor und zwei mittelgrosse Extravasate am Rande der Papilla. Am 6. März Sn. 50 in 15', mit $+ \frac{1}{6}$ Sn. 2 in 7", geringer Gesichtsfelddefect nach innen. Links blieb die Sehschärfe immer gut; kein Recidiv des glaucomatösen Processes. Am 16. April 1875 exitus lethalis; Section am 17. April. Rechtes Auge: Glaskörper anliegend, Grundsubstanz körnig und streifig mit Rundzellen in mässiger Anzahl. Die Cornea zeigt die Erscheinungen der gewöhnlichen cadaverösen Schwellung, Descemetis und deren Epithel gut erhalten. Fontanascher Raum völlig obliterirt. Iris atrophisch, am Ansatze völliges Narbengewebe, hinteres Pigment am freien Rande nach vorn umgeschlagen. Ciliarkörper ausgesprochen hypermetropisch, nach vorn gezogen. Ueberhaupt bietet die ganze Gegend den Anblick einer gegen den Schlemm'schen Canal hin, der weit klaffend gefunden wird, sich retrahirenden Narbe. Sehnerv excavirt, zeigt nichts Besonderes. Iris in der Iridektomienarbe zum grössten Theil eingeheilt. Das linke Auge zeigt einen im Ganzen ähnlichen Befund; auch hier concentrirt er sich wesentlich um den Schlemm'schen Canal. Die Irisperipherie ist mit der Descemetis verwachsen, aber noch nicht verdünnt, das Irispigment ist nicht nach vorn umgeschlagen, auch ist der Ciliarkörper noch an seiner normalen Stelle; sodann ist die Umgebung des Schlemm'schen Canales mässig mit Zellen infiltrirt. Auch hier ist der Irisstumpf theilweise in die Iridektomienarbe eingeheilt. Im Uebrigen ausser der Sehnervenexcavation und einer Glaskörperabhebung nichts Abnormes zu finden; insbesondere war Chorioidea und Sklera bei beiden Augen völlig normal."

Schnabel's[1]) Beschreibungen anatomischer Befunde erstrecken sich in sehr eingehender Weise auf die Veränderungen in der Kammerbucht (respective im Fontana'schen Raume) und auf die Art der Wundheilung nach der Iridektomie. Von 15 Augen war die Iridektomie an zwei (Nr. 14 und 15) wegen Leucoma adhaerens, an zwei (Nr. 12 und 13) wegen Secundärglaucom gemacht worden. Bei den Fällen Nr. 3 (Complication mit Morbus Brighti), Nr. 4 (mit Retinitis pigmentosa), Nr. 6 (nach Iridektomie. Luxation und Entfernung der Linse). Nr. 7 (Sklerotomie mit nachfolgender Kyklitis) und Nr. 8 (eitrige Keratitis cum hypopyo) lässt sich nicht mit Sicherheit

[1]) Archiv für Augen- und Ohrenheilkunde. 1878, VII. a, pag. 99.

entscheiden, in welchem Grade die durch den glaucomatösen
Process gesetzten Veränderungen durch die vorausgegangene,
noch nachgefolgte Complication beeinflusst wurden. Für die
Fälle 5, 9 und 10 fehlen die anamnestischen Angaben. Was
den Fall mit Nr. 1 und 2 betrifft, so war auf dem linken,
fünf Jahre vor dem Tode wegen weit vorgeschrittenen Glaucoms
iridektomirten Auge allmälig Atrophia bulbi eingetreten und
constatirte die Section Ablehbung der Netzhaut (strangförmig
um den Rest des Glaskörpers gefaltet); auf dem rechten, wegen
Glaucoma relativ zeitig iridektomirten Auge, mit welchem der
Mann bis zu seinem Lebensende noch kleinen Druck lesen
gekonnt hatte, wurden keine auf den früheren (von Dr. Fried-
rich constatirten) Bestand von Glaucom deutenden Veränderungen vorgefunden, darf man also folgern, dass der glaucomatöse Process vollständig sistirt, respective rückgängig geworden
war. Hervorzuheben ist, dass in allen übrigen Fällen von
Glaucom (mit Ausschluss der Secundärglaucome) totale oder
partielle (auf einzelne Stellen beschränkte) Atrophie des Ciliarkörpers von Schnabel vorgefunden wurde. Angaben über
die Ciliarnerven, sowie über die Gewebsveränderungen an der
Excavation und deren Umgebung fehlen.

Auch Weber's [1] Befunde müssen als einseitig und ich
möchte sagen mit Voreingenommenheit aufgefasste bezeichnet
werden. Dieser um die Glaucomlehre so verdiente Forscher,
welcher bekanntlich gezeigt hat, dass das ophthalmoskopische
Bild an der Papilla n. opt. auf Vertiefung, nicht auf Aufwölbung
zu beziehen sei, hat sich, wie es scheint, durch den ersten
Befund in einem glaucomatösen Auge bestimmen lassen, in der
enormen Schwellung der Ciliarfortsätze und in der dadurch
bewirkten Verlegung des Fontana'schen Raumes (Verschluss
der Abfuhrwege für die Augenflüssigkeit) das Wesentliche des
glaucomatösen Processes zu sehen. Die Ursache dieser Schwellung sucht er in allgemeinen Gesundheitsstörungen mit lang-
andauernder Herabsetzung des (Arterien-) Herzdruckes oder in
Zuständen, welche ebenfalls zu passiven Hyperämien disponiren

[1] A. f. O., XXIII. a, pag. 1.

(pag. 66). Ueber die Frage, wie sich die Netzhaut verhalten habe, sowie über das verschiedene Verhalten der Iris, der Ciliarfortsätze und der Ciliarnerven in verschiedenen Meridianen findet sich in Weber's sonst so beachtenswerther Arbeit keinerlei Aufschluss.

Was die zahlreichen Sectionsbefunde von Brailey [1]) betrifft, von denen sich 29 auf Primärglaucom aus verschiedenen, meistens jedoch weiter vorgerückten Stadien beziehen, so erstrecken sich dieselben in Summa wohl auf sämmtliche Gewebe, bieten aber, wenn man jeden Fall einzeln für sich betrachtet, beträchtliche Lücken und geben, wie das von einer tabellarischen Zusammenstellung kaum anders verlangt werden kann, keine klare Einsicht in den Zusammenhang der vorgefundenen Veränderungen zu einander und zu den vorausgegangenen Erscheinungen während des Lebens.

Die Veränderungen glaucomatöser Augen, welche Wedl [2]) in jüngster Zeit geschildert hat, würden unserem Verständnisse offenbar viel näher gerückt sein, wenn sie nicht summarisch aufgezählt, sondern so beschrieben worden wären, wie sie in jedem Auge für sich nebeneinander vorgefunden wurden. Trotz der zahlreichen wichtigen Angaben über das Verhalten der verschiedenen Gebilde fehlen Aussagen über das Verhalten der sogenannten Lamina cribrosa, über den Inhalt der Grube an der Stelle der Papilla, über das Verhalten der Chorioidea in der Umgebung des Sehnerven (Gegend des sogenannten Halo glaucomatosus), über das Verhalten der Retina in den verschiedenen Regionen bei noch mehr weniger erhaltenem Sehvermögen im Centrum, und über das relative Verhältniss einzelner Partien der Iris und des dahinter gelegenen Ciliarkörpers (bei theilweiser Atrophie der Iris).

Ueber manche dieser wichtigen anatomischen Fragen hoffe ich im IV. Abschnitte nähere Andeutungen geben zu können.

---

[1]) Ophth. Hosp. Rep. Vol. X, part 1.

[2]) Abhandlungen aus dem Gebiete der praktischen Augenheilkunde von Stellwag v. Carion, Wien 1882, pag. 137.

III. Abschnitt.

Symptomatologie. Nosogenie.

Wollen wir nun die Erscheinungen während des
Lebens analysiren und uns von dem Vorgange in einem glaucomatösen Auge, von dem glaucomatösen Processe überhaupt
eine richtige Vorstellung machen, so müssen wir drei Stadien oder Phasen unterscheiden: das der Stauung, das der
Entzündung und das der Degeneration.

I. Das Stadium der Stauung kann von so kurzer
Dauer sein, dass die Erkrankung gewissermassen gleich mit
entzündlichen Erscheinungen zu Tage tritt; es kann aber
auch Jahre lang mit mehr weniger deutlichen Remissionen,
selbst Intermissionen fortbestehen, ohne dass manifeste Entzündungserscheinungen auftreten.

Die Stauung geht, wie wir weiterhin sehen werden, von
einer oder von mehreren der Wirbelvenen der Chorioidea aus
und kann vielleicht an und für sich genügen, den Inhalt des
hinteren Augenraumes, dessen Hauptmasse der Glaskörper
bildet, zu vermehren — durch stärkere Gefässfüllung — führt
aber bei längerer Dauer oder grösserer Intensität wahrscheinlich zugleich zum Austreten seröser Flüssigkeit (Transsudat)
in den Glaskörper, wo dieselbe verbleiben oder auch wieder
verschwinden kann (durch Resorption, durch Ausscheidung
mittelst der natürlichen Abflusswege, namentlich an der Corneo-
skleralgrenze). Die Steigerung des intraoculären Druckes, von
den Wirbelvenen ausgehend und durch vermehrte Venen-
füllung im Uvealtractus mit oder ohne Transsudat gegeben,

setzt dem Eindringen des arteriellen Blutes um so mehr Widerstand entgegen, je weniger die Sklera beim Andringen der
Blutwelle momentan nachgibt, je weniger elastisch dehnbar
dieselbe geworden ist.

Anmerkung. Wenn ich — in meinem 72. Jahre — Abends rasch
zwei Treppen hoch gestiegen bin und mich in einen finsteren Ort begebe,
so sehe ich durch mehrere Secunden ein Aufleuchten des Gesichtsfeldes,
ein Phosphén, welches mit dem Pulsschlage synchronisch auftritt und schwindet
(rhythmisches Steigen und Fallen des intraoculären Druckes); ich erinnere
mich nicht, in früheren Jahren unter gleichen Verhältnissen dieses Phänomén
bemerkt zu haben, und finde sonst keine krankhaften Erscheinungen an mir.

Das Stadium der Stauung kann unvermerkt eintreten
und mit geringen, meistens nicht beachteten Schwankungen
fortbestehen, oder es kündigt sich von Zeit zu Zeit durch
heftige Zufälle an, nach deren Verschwinden das Auge wieder
normal zu sein scheint.

1. In einer relativ geringen Zahl von Fällen tritt das
Stadium der Stauung unvermerkt ein und schreitet continuirlich — wenigstens nicht mit manifesten Schwankungen — bis zur Vernichtung der Sehkraft fort, ohne
sich durch äusserlich sichtbare oder durch subjective Symptome
(bis auf die Sehstörung) kund zu geben. Früher diagnosticirte
man in solchen Fällen bezüglich der Sehstörung Amblyopie
oder Amaurosis (im engeren Sinne) meistens so lange, bis das
Auftreten des bekannten grünlichen Reflexes und der weiten
starren Pupille oder das Auftreten entzündlicher Erscheinungen
(Uebergang in das zweite Stadium) die Diagnosis Glaucoma
ermöglichte. Erst einige Zeit nach der Einführung des Augenspiegels wurde es möglich, das Glaucom schon in diesem
Stadium bestimmt zu erkennen.

In den meisten Fällen geben sich Fluctuationen, oft
mit einer gewissen Regelmässigkeit in der Wiederkehr der
Verschärfung durch Zunahme der Sehstörung unter vermehrter
Spannung des Bulbus, mitunter auch durch dumpfen Schmerz,
seltener durch Sehen von Regenbogenfarben um eine Kerzen-
oder Lampenflamme kund. Einige Kranke, welche nie über
eigentliche Schmerzen geklagt hatten, gaben mir nach der
Iridektomie an, dass sie erst jetzt ihr Auge erleichtert, freier

fühlen; andere hatten nur über ein Gefühl von Spannung im
Auge geklagt, bei Vielen waren von Zeit zu Zeit halbseitige
Kopfschmerzen vorausgegangen, deren Zusammenhang mit
dem Augenleiden erst später, beim Eintreten von Sehstörung,
beachtet (geahnt) wurde. Geringe Schwankungen in den subjectiven Zufällen werden sehr oft nicht beachtet, besonders
wenn das andere Auge noch gut fungirt. Die Remissionen
geben sich durch intercurrentes Bessersehen in den Morgen-
stunden, besonders nach ruhigem Schlafe kund.

Blindheit und Härte des Auges bei relativ oder absolut
unbeweglicher Iris können die einzigen Zeichen unvermerkt
entstandenen und vorgeschrittenen Glaucoms sein und bis
zum Tode bleiben. Doch pflegen nach längerer Dauer, wenn
auch nicht gerade manifeste Zeichen von Entzündung, so doch
oft genug einige Veränderungen hinzuzutreten, welche niemals bei Amaurosis von primärer Erkrankung des Sehnerven,
wohl aber constant nach Glaucoma mit entzündlichem Verlaufe beobachtet werden, namentlich zunächst Herabsetzung
des Lichtsinnes bei relativ gut erhaltenem Farbensinn, ungleichmässige Erweiterung der Pupille, Verengerung der vorderen
Kammer und Erweiterung einzelner der vorderen Ciliarvenen.
Findet sich die Sehstörung, welche den Kranken zum Arzte
treibt, zur Zeit der Vorstellung blos an einem Auge vor,
während das andere intact ist, so kann man fast in allen
Fällen einen Unterschied in der Farbe der Iris und in der
Grösse der Pupille feststellen. Die Iris erscheint etwas matter
und die Pupille ein wenig grösser; mitunter lässt sich auch
eine Differenz in der Füllung (Zahl und Weite) der episkleralen Venen zu Ungunsten des allein erkrankten oder in
der Erkrankung weiter vorgeschrittenen Auges nachweisen.
In weiter vorgeschrittenen Fällen lässt sich auch oft partielle
oder allgemeine Unempfindlichkeit der Hornhaut constatiren.
Entschiedene Vermehrung der Spannung des Bulbus kann zur
Zeit der Untersuchung fehlen oder doch zweifelhaft erscheinen.

In manchen Fällen dieses kaum oder gar nicht bemerkten
Verlaufes treten nach mehr weniger langem Bestande des
Leidens, mitunter erst nach mehreren Jahren, schon vor oder

aber erst nach völliger Erblindung entzündliche Zufälle auf,
bei bilateraler Erkrankung wohl auch nur auf dem einen
Auge, und die hiemit deutlich in das zweite Stadium einge-
tretene Krankheit nimmt weiterhin denselben Verlauf wie in
Fällen, welche gleich zu Anfang oder doch bald darauf unter
dem Bilde der glaucomatösen Entzündung aufgetreten waren.

Donders[1]) hat die Krankheit in dieser Phase als Glaucoma simplex bezeichnet. Als Typus dafür theilt Haffmans (Original pag. 360) folgenden Fall mit (dem ich noch
einen zweiten von demselben Autor anreihe).

Herr de W. bemerkte (1847) bei zufälligem Schliessen des linken
Auges, dass das Sehen des rechten abgenommen habe. Einige Wochen
später begann auch das linke schlechter zu sehen und es kam ihm von Zeit
zu Zeit vor, als ob ihn Rauch umgebe. Er hatte während der Zeit der
Gesichtsabnahme wohl an Kopf-, doch nicht an Augenschmerzen gelitten; das
Sehvermögen nahm langsam ohne Schmerzen ab. In der ersten Zeit sah er
des Morgens noch besser. Eine Einträuflung von Atrop. sulf. machte sehr
starke Erweiterung der bereits etwas grösseren Pupille und weitere Abnahme
des Sehvermögens. Es dauerte lange, bis die Pupille den früheren Umfang
wieder erlangte und das Gesicht sich wieder verbesserte. Er konnte noch
die blaue Farbe unterscheiden, während ihm helles Roth seit geraumer Zeit
unsichtbar geworden war. Im Jahre 1851 verlor er erst auf dem rechten,
kurze Zeit darauf auch auf dem linken alle Lichtempfindung. Status
praesens 1860: die Bulbi sehr hart, die Sklera rein, die conjunctivalen
und subconjunctivalen Gefässe nicht erweitert, die Hornhäute klar, bei Betastung empfindlich, die Vorderkammer seicht; die Regenbogenhäute haben
ihre normale Farbe und Structur behalten; auf dem rechten Auge ist die
Pupille etwas verzogen (zwei kleine Synechien an der Schläfenseite); linker-
seits ist der Pupillenrand vollkommen frei und die Pupille einigermassen
queroval. Die rechte Pupille gibt einen grau-, die linke einen dunkel-
meergrünen Reflex. Die Papillen sind steil bis an den Rand tief ausgehöhlt
mit Gefässverschiebung und Arterienpuls bei mässig starkem Fingerdruck.
In der jüngsten Zeit ist auf dem rechten Auge eine diffuse centrale Katarakt
entstanden, neben welcher man den Fundus noch sehen kann; links sind die
Medien noch vollkommen rein. — Dieser Mann ist seit 1847 bis jetzt in
Beobachtung des Professor Donders gestanden. Von entzündlichen Erscheinungen war niemals die Rede. Die zwei kleinen Synechien auf dem
rechten Auge stammten wahrscheinlich von einem Anfall von Iritis in der
Jugend. Der Mann war bereits vor der Einführung der Iridektomie bei
Glaucom ganz erblindet."

---

[1]) Jaarlijksch Verslag over het Nederlandsch Gasthuis voor Ooglijders,
Utrecht, Mai 1861. J. H. A. Haffmans Bijdrage tot de Kennis van het
Glaucoma. Deutsch bearbeitet von M. Schmidt in A. f. O., VIII. b,
pag. 124.

„Eine Frau von 41 Jahren stellte sich im August 1859 vor. Sie hatte bemerkt, dass seit zwei Jahren das Sehvermögen des rechten Auges allmälig ohne Schmerzen und ohne andere Erscheinungen schwächer wurde, so dass dieses Auge jetzt schlechte Lichtempfindung darbot. Seit drei Wochen kam auch vor das linke Auge ein Nebel, der an Dunkelheit und Grösse stetig zunahm. Der rechte Bulbus war hart, die Pupille weit, oval, beinahe unbeweglich, ihr Reflex grünlich, Linse und Iris nach vorn gedrängt, die Hornhaut rein, die conjunctivalen und subconjunctivalen Gefässe kaum erweitert. Aushöhlung der Papilla mit Gefässverschiebung und bei mässigem Fingerdruck Arterienpuls. Links dieselbe Symptomengruppe, doch minder stark ausgeprägt. Aeusserlich war dieses Auge gleichfalls nicht entzündet, selbst die Gefässe waren nicht erweitert. Die Farbe der Sklera rein, die Farbe und Structur der Iris normal. Dieses Auge las mit $^1/_{10}$ schlecht Nr. 16 und zeigte Einschränkung des Gesichtsfeldes (Defect nach innen — unten bis nahe an den Fixirpunkt). Beiderseits ausgiebige Iridektomie. Das rechte Auge (mit schlechter Lichtempfindung) gewann durch die Operation beinahe gar nichts; das linke Auge verbesserte sich ansehnlich, las drei Wochen darnach mit $^1/_{10}$ Jäger Nr. 3 und zeigte eine geringere Gesichtsfeldeinschränkung. Bei der im Mai 1861 wieder vorgenommenen Prüfung war das Sehvermögen in jeder Beziehung noch verbessert; die Papillen waren ausgehöhlt geblieben.“

Alle diese Symptome lassen sich, wie wir später zeigen werden, auf permanente oder zeitweilige, öfter wiederkehrende Steigerung des intraoculären Druckes zurückführen; ob sich dafür auch eine andere Erklärung aufstellen lasse, möge vorläufig unerörtert bleiben. Vor Allem darf das Fluctuiren in den Erscheinungen nicht ausser Acht gelassen werden.

Gibt man zu, dass Stauung in den Wirbelvenen allein oder mit Hinzutritt von Transsudat im Glaskörper im Stande sei, den intraoculären Druck zu steigern, dann kann man leicht begreifen, dass die Pars minoris resistentiae allmälig oder ruckweise nachgibt, dass die Lamina cribrosa zurückgedrängt und die in und vor derselben befindliche Sehnervenmasse durch den Glaskörper comprimirt werde, dass an die Stelle der Papilla eine bis an den Skleralbord reichende Vertiefung mit steil abfallendem Rande treten kann, welche, wenn nicht besondere (später zu besprechende) Hindernisse entgegenstehen, sich der Form einer Halbkugel und weiterhin einer Ampulla (Blase mit engerem Halse) um so mehr annähern muss, je mehr sie an Tiefe gewinnt. Denn die Oeffnung, welche die Sklera für den Opticus lässt, ist an

der inneren Skleralfläche beträchtlich enger als an der äusseren,
sie ist nicht cylindrisch, sondern konisch,[1]) und die Lamina
cribrosa ist durchaus von gleicher Textur, respective überall
gleich compressibel und nachgiebig (wie später noch näher
angegeben werden wird). Die Form der Excavation lässt
sich demnach vollkommen begreifen, wenn man annimmt, die
Excavation werde durch pathologisch gesteigerten Druck eingeleitet; hat dieselbe einen gewissen Grad erreicht und eine
gewisse Zeit lang bestanden, dann wird sie auch bei Herabsetzung des Druckes fortbestehen können, sofern die Lamina
cribrosa bereits eine feste Gestalt und Lage angenommen hat.
Dass eine noch wenig tiefe (etwa 3—4 Dioptrien betragende)
und noch nicht sehr lange bestehende Excavation nach der
Iridektomie ganz verschwinden könne, ist schon längst ophthalmoskopisch nachgewiesen. Graefe[2]) hat auch die Umstände
näher angegeben, unter welchen die Rückbildung einer Excavation nach der Iridektomie einzutreten pflegt; namentlich
muss der Bulbus entspannt bleiben. Die Art und Weise, wie
die Sehkraft bei diesem Vorgange geschädigt werde, möge
erst später auseinandergesetzt werden.

Zwei gewichtige Momente sind der eben ausgesprochenen
Anschauung über das Zustandekommen der Excavation ent-
gegengestellt worden.

1. Dass viele Fälle vorgekommen sind, in welchen man
trotz des Bestandes einer solchen Excavation (bis an
den Rand reichend und dort steil absetzend) auch bei länger
fortgesetzter Beobachtung niemals Steigerung des intraoculären Druckes nachweisen konnte. Dieser Einwand
ist nicht stichhältig. Denn erstens schwankt schon der physiologische Druck bei verschiedenen Individuen innerhalb
nicht sehr enger Grenzen und gehört die Beurtheilung, ob in
einem gegebenen Falle eine pathologische Drucksteigerung
vorhanden sei, zu den subtilsten Aufgaben des praktischen

---

[1]) Der Durchmesser des Sehnerven sinkt nach Schwalbe innerhalb
der Sklera von 3 auf 1·5 mm.

[2]) A. f. O., IV. b, pag. 137.

Arztes; zweitens müsste man die Prüfung der Spannung des
verdächtigen Bulbus sehr oft, zu verschiedenen Zeiten, wohl
auch in der Nacht vornehmen können, weil Schwankungen in
der Blutstauung gewiss in den meisten Fällen des sogenannten
Glaucoma simplex so gut wie bei Glaucom mit entzündlichen
Zufällen vorkommen. Darauf deuten namentlich die zeitweilige Verschlimmerung im Sehen, sowie die zeitweiligen
Schmerzen im Auge, in dessen Umgebung; es kommen auch
Fälle von Glaucom ohne entzündliche Zufälle vor, in welchen
man bei einer Untersuchung die Spannung erhöht, bei Wiederholung der Prüfung — vielleicht schon am nächsten Tage —
dieselbe wieder nicht erhöht findet. Wenn wir nun in Fällen,
in welchen wir zur Zeit der Untersuchung — selbst wiederholt — Drucksteigerung nachzuweisen nicht vermögen, an
der Papilla genau dieselben Veränderungen sehen, welche wir
in Fällen mit unzweifelhafter Drucksteigerung finden, so liegt
es doch wohl näher anzunehmen, dass diesem selben ophthalmoskopischen Bilde dieselbe Ursache — Drucksteigerung —
zu Grunde liege, als zu behaupten, dass die Drucksteigerung
überhaupt, auch die zeitweilig auftretende oder früher vorhanden gewesene, auszuschliessen sei. Wer sich durch den
Vorwurf, am Autoritätsglauben zu hängen, nicht abschrecken
lässt, der lese die Erörterungen über die Drucksteigerung
zwischen Donders und Graefe[1]) nach. Er wird daraus wenigstens das entnehmen, dass die Entscheidung, ob in einem
gegebenen Falle pathologische Drucksteigerung vorhanden
sei, auch für geübte Beobachter sehr schwierig ist. Dazu
kommt nun als wichtiges Argument, dass das Entstehen von
Excavation mit den obgenannten Charakteren aus keiner anderen Ursache abgeleitet werden kann. Die Annahme einer
präexistirenden geringeren Widerstandsfähigkeit der Lamina
cribrosa ist ebenso willkürlich als überflüssig. Gegen die
Annahme, dass Erkrankung der Papilla, von dem Sklerotical-
gefässkranze aus, das Zurückweichen der Lamina cribrosa
— auch bei physiologischem Drucke — bewirken könne,

---

[1]) A. f. O, VIII. b, pag. 271.

spricht, wie wir später sehen werden, ganz entschieden die Eigenthümlichkeit der Functionsstörung bei Glaucom.

Ed. v. Jäger[1]) suchte die Ursache der Excavation nicht in pathologischer Steigerung des intraoculären Druckes und auch nicht in präexistirender (disponirender) geringerer Widerstandsfähigkeit der Eintrittsstelle des Sehnerven, sondern in einem pathologischen Ernährungsvorgange im Gefässbezirke des Skleralgefässkranzes, welcher nicht nur den betreffenden Theil der Sklerotica, sondern auch den die Sklerotica durchbohrenden Theil des Sehnerven und einen beträchtlichen Theil der Chorioidea umfasst. Er bezeichnet diesen Zustand als glaucomatöses Sehnervenleiden, während man ihn gewöhnlich glaucomatöse Excavation nenne. „Man beobachtet häufig Glaucombildung, ohne dass eine erhebliche Druckzunahme und ohne dass eine auffallende Volumszunahme oder Trübung der Medien nachgewiesen werden kann." „Während sich häufig nach der Iridektomie Ektasien in den Formhäuten zurückbilden, ergaben sich gleiche Beobachtungen bei dem glaucomatösen Sehnervenleiden, der sein sollenden Ektasie im Sehnervenquerschnitte nicht." Jäger hat für seine Ansicht keine Sectionsbefunde beigebracht. Für den gleichen Effect der Iridektomie bei Sehnervenexcavation wie bei Staphylomen liegen, wie oben erwähnt, ganz unzweifelhafte Beobachtungen vor. Wir werden aber weiter unten noch Thatsachen anführen, welche beweisen, dass die Erblindung, mag man nun Compression oder undefinirte Ernährungsstörung im Sehnervenkopfe supponiren, nicht von einer Veränderung in diesem, sondern von der Peripherie der Sehnervenfasern aus erfolge, dass die schliessliche Atrophie der Sehnervenfasern im Auge nicht in centrifugaler, sondern in centripetaler Richtung vor sich gehe. Demnach kann nicht die Erkrankung der Papilla, respective des Sehnerven der Ausgangspunkt der glaucomatösen Erblindung sein.

2. Der zweite Einwurf bezieht sich auf den Umstand, dass man nicht selten bei tiefer Excavation noch ein

---

[1]) Zeitschrift der Gesellschaft der Aerzte in Wien, Juli 1858, pag. 465.

gutes oder doch relativ gutes Sehvermögen vorfindet, dass das ophthalmoskopische Bild nicht immer mit der Functionsstörung in Einklang gebracht werden kann. Der Erörterung dieses Einwurfes muss offenbar die Beantwortung zweier Fragen vorausgehen: *a)* wie (der Zeit und dem Raume nach) erfolgt die Erblindung? *b)* welche anatomische Veränderungen können oder müssen als die nächste Ursache der Functionsstörung betrachtet werden?

a) α. In manchen unter entzündlichen Erscheinungen acut auftretenden Fällen erfolgt die Erblindung — vollständig oder bis zu blos quantitativer Lichtempfindung — in wenig Tagen, selbst in wenig Stunden, auch wenn vor dem Anfalle gar keine oder nur geringe Sehstörung wahrgenommen worden war. Das Sehvermögen kann vernichtet bleiben oder auch trotz fortdauernd erhöhter Spannung des Auges allmälig und mitunter so weit sich erholen, dass der Kranke meint, die Gefahr sei vorüber, und man findet, sobald die Medien wieder hinreichend klar geworden sind, keine Excavation der Papilla; diese stellt sich erst später ein. Das Sehvermögen kann durch den glaucomatösen Process gänzlich und für immer vernichtet sein, ohne dass eine Spur von Excavation vorhanden ist; diese folgt jedoch im Verlaufe einiger Wochen nach.

β. In anderen Fällen tritt ein mehr weniger ausgesprochener Entzündungsanfall ein, nachdem Zufälle, welche für Bestand des ersten Stadiums sprechen, unzweifelhaft oder doch höchst wahrscheinlich vorher zugegen gewesen waren, oder es tritt ein solcher Entzündungsanfall gleichsam als Wiederholung eines ähnlichen Anfalles auf; auch in diesen Fällen kann sich mit dem Nachlasse der entzündlichen Zufälle das Sehvermögen wieder erholen, doch im Allgemeinen nicht bis zu dem Grade, welcher vor diesem Anfalle bestanden hatte, und wir finden nach Klärung der Medien die Zeichen der Excavation mehr weniger stark ausgeprägt, zugleich aber auch das Gesichtsfeld mehr weniger eingeschränkt, in der Regel von der Nasenseite her, schliesslich wohl auch allseitig.

γ. Auch in Fällen, welche niemals äusserliche Zeichen von Entzündung dargeboten haben, tritt allmälig Einschränkung des Gesichtsfeldes ein, und wenn es zu beträchtlicher Herabsetzung, endlich zum Schwinden der Function des Centrums gekommen ist, bleibt so wie in jenen Fällen, in welchen äusserlich merkbare Entzündung vorausgegangen, eine excentrische, meistens mediale Partie der Netzhaut, mitunter nur eine ganz kleine, unweit von der Papilla gelegene Partie noch mehr weniger functionsfähig. In solchen Fällen verläuft der Process immer äusserst langsam, mehrere Monate — Jahre lang; es besteht oft trotz tiefer Excavation durch lange Zeit ein auffallend gutes, wenn auch auf ein kleines Gebiet beschränktes Sehvermögen.

b) In den unter α. besprochenen Fällen kann die Erblindung, wie bereits Graefe[1]) nachgewiesen hat, unmöglich von der Compression der lichtaufnehmenden oder der die Lichteinwirkung fortleitenden Elemente der Netzhaut abgeleitet werden; die Annahme, dass die durch den hohen intraoculären Druck bewirkte, einen gewissen Grad und eine gewisse Dauer übersteigende Ischämie der Netzhaut deren Functionstüchtigkeit für immer vernichte, hat durch Experimente, durch von aussen auf den Bulbus angewandten starken Druck (plötzlich und anhaltend) eine feste Stütze gewonnen. (Vergl. Donders in A. f. O., I., pag. 6.)

In den unter β. subsummirten Fällen — und diese sind die häufigsten von allen Glaucomfällen — findet man, sobald die Medien die Einsicht gestatten, constant eine mehr weniger tiefe Excavation, oft auch Arterienpuls (spontanen) und die Spannung des Bulbus unzweifelhaft erhöht. Hier lag es sehr nahe, anzunehmen, dass der Druck auf die Nervenfasern und ihre Knickung am Rande der Skleralöffnung es sei, welche die Leitung der Nervenfasern aufhebt, und diese Annahme erhielt eine gewaltige Stütze in der Wirkung, welche die Iridektomie, indem sie die Drucksteigerung momentan und in der Regel auch dauernd beseitigt, zur Folge hat. Allein diese Wirkung

---

1) A. f. O., XV. a, pag. 108—112.

auf die Netzhautfunction kann offenbar auch dadurch zu
Stande kommen, dass die Herabsetzung des Druckes durch
die Iridektomie zugleich das Circulationshinderniss in
der Netzhaut beseitigt und schliesslich die Circulationsverhältnisse im Innern des Auges überhaupt günstiger gestaltet. Für alle Fälle, in denen man pathologische
Drucksteigerung nachweisen kann, muss zugegeben werden,
dass der abnorme Druck auch auf die Gefässe der Netzhaut,
auf die Versorgung dieser mit arteriellem Blute, nachtheilig
einwirken könne. Wenn aber die letztere Annahme, für die
Fälle α. die einzig zulässige, auch für die Fälle β. sehr wahrscheinlich ist, so frägt es sich nur, ob in den unter γ. erwähnten Fällen eine andere Erklärung der successiven Functionsstörung aufgebracht werden kann.

Alle Schwierigkeiten der Erklärung bezüglich des schein-
baren Widerspruches zwischen der Excavation und der Functionsstörung entfallen, sobald man mit Rydel[1]) annimmt, dass
die Function der Netzhaut nicht direct durch den
Druck auf die Nervenfasern (durch die Excavation), sondern
indirect, nämlich durch mangelhafte Versorgung der
Netzhaut mit arteriellem Blute vermindert, endlich
aufgehoben werde.

„Indem man sich gewöhnt hat, die glaucomatöse Functionsstörung
von dem Drucke, der Zerrung und Knickung der Nervenfasern selbst abzuleiten, griff man behufs Erklärung dieses Widerspruches zwischen tiefer
Excavation und geringer Functionsstörung zu der Annahme, dass in diesen
exceptionellen Fällen die Nervenfasern mit einer merkwürdigen Widerstands-
kraft gegen Druck ausgerüstet seien, worauf wahrscheinlich der Umstand
einen Einfluss habe, dass die Aushöhlung sich langsam entwickle, die Nervenfasern demnach den neuen Verhältnissen sich zu accommodiren vermögen.
Bei gleicher Excavation wäre dann die Atrophie geringer. Ich habe gegen
diese Erklärung nichts einzuwenden, umsomehr als wir, wie Haffmans bemerkt, ein ähnliches Verhalten auch im Gehirn antreffen, in welchem wichtige
Theile bei langsam steigendem Drucke ihre Form bedeutend ändern können,
ohne dass eine entsprechende Functionsstörung während des Lebens bemerkt
wird, und hätte nur hinzuzufügen, dass, wenn die Nervenfasern sich den
neuen Verhältnissen zu accommodiren und der Atrophie sich zu entziehen
vermögen, sie dies nicht allein der langsamen Zunahme der Compression,
Zerrung und Knickung, sondern auch zum Theil dem Umstande zu verdanken

---

[1]) A. f. O., XVIII. a, pag. 1—17.

haben, dass durch ein langsames und unvermerktes Anwachsen der
Drucksteigerung der behinderten Netzhauteirculation Zeit und
Gelegenheit gegeben wird, sich den neuen Verhältnissen anzu-
passen und die Ernährung insofern im Gang zu erhalten, dass
die Function keine oder doch keine wesentliche Störung zu erfahren braucht.

„Eine andere Erscheinung des glaucomatösen Erblindungsvorganges,
welche nach meiner Ansicht einzig und allein richtig durch die Behinderung
der Netzhauteirculation erklärt werden kann, ist das allen Formen des
Glaucoms eigenthümliche, frühzeitige Erlöschen des excentrischen Sehvermögens. Donders erklärt diese Erscheinung dadurch, dass der Druck,

Fig. 10.

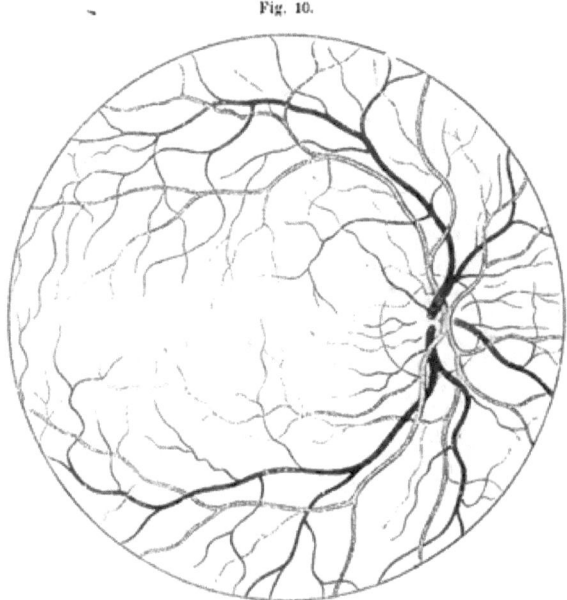

Netzhautgefässe nach Leber (Ed. v. Jäger).

welcher die Eintrittsstelle des Sehnerven trifft, zu allererst auf die oberflächlichen Nervenfasern comprimirend wirke. Diese oberflächlich gelegenen
Nervenfasern sind es aber gerade, deren Verlauf bis an die äusserste Peripherie der Netzhaut reicht, während die tieferen schon in der Nachbarschaft
des Sehnerven in die Nervenzellenschichte der Netzhaut sich einsenken. Die
durch Druck aufgehobene Leitungsfähigkeit müsste demnach zuerst die
peripherischen Nervenendungen der Netzhaut und erst später deren
Centralpartien treffen. — Abgesehen davon, dass die Annahme einer Lei-
tungsunterbrechung durch den Druck nach von Graefe nicht statthaft
erscheint, wird dadurch gar nicht erklärt, warum die peripheren Nerven-
endigungen in der temporalen Netzhauthälfte, mit seltenen Ausnahmen,
früher vom Drucke getroffen und beschädigt werden als die in der nasalen

Netzhauthälfte, warum also die Einschränkung des Gesichtsfeldes in der Regel von der Nasenseite her beginnt. Da der intraoculäre Druck hydrostatischen Gesetzen gemäss auf eine jede Masseinheit der Bulbuskapsel gleichmässig wirkt und auch im Verlaufe der zur Peripherie der inneren und äusseren Netzhauthälfte ziehenden Nervenfasern kein genügender Grund zu finden ist, warum die Peripherie der äusseren Netzhauthälfte früher den nachtheiligen Einfluss des Druckes erleiden sollte, so bleibt die Donders'sche Erklärungsweise für die hier behandelte Frage die Antwort einfach schuldig. Auch der von Leber angeführte Umstand, dass die zur Peripherie der Netzhaut gehenden Fasern die Siebmembran in der Mitte,. also an jenem Theile zu passiren scheinen, welcher bei der Excavation die grösste Verschiebung und Dehnung erfährt, während die zur Macula lutea streichenden Fasern wahrscheinlich an der äussersten Peripherie des Nervenstammes gelegen sind und daher beim Zurückweichen der Lamina cribrosa verhältnissmässig wenig leiden, könnte höchstens den Grund für das frühere Erlöschen des peripheren Sehens im Allgemeinen, keinesfalls aber die Erklärung des fraglichen Phänomens abgeben.

„Ich glaube die Sache ganz einfach in folgender Weise erklären zu können. Die arteriellen Hauptgefässstämme schlagen, nachdem sie gewöhnlich etwas nach einwärts vom Centrum der Papilla hervorgetreten sind, die Richtung nach oben und unten ein. Zur inneren Netzhauthälfte zieht zwar kein Hauptstamm, wohl aber mehrere ansehnliche, von den Hauptstämmen noch im Bereiche der Papilla abgegebene Aeste, während nach aussen gegen die Macula lutea nur 2—4 ganz zarte Gefässchen verlaufen. Nachdem die Hauptstämme die Grenze der Sehnervenscheibe überschritten haben, verfolgen sie in ihrem weiteren Verlaufe die ursprüngliche Richtung nach oben und unten noch eine ziemlich lange Strecke weit, geben Seitenäste nach allen Richtungen ab, biegen dann nach aussen um, und indem sie in weiten Bögen die Macula lutea umkreisen, zerfallen sie in immer feinere Zweige, welche die äussere Netzhauthälfte versorgen. Diese Vertheilung bringt es mit sich, dass die innere Netzhauthälfte reichlicher mit Gefässen versehen ist als die äussere. Wichtiger scheint jedoch der Umstand zu sein, dass das Centrum der Papilla nicht im Centrum der Netzhaut, sondern etwa 4^{mm} nach einwärts von demselben liegt, und dass die für die äussere Netzhauthälfte bestimmten Gefässzweige nicht wie die nach innen abgehenden auf dem kürzesten Wege von der Gefässpforte an ihren Bestimmungsort gelangen, sondern erst auf einem weiten Umwege. Daher liegt die Peripherie der äussern Netzhauthälfte beträchtlich weiter vom Centrum des Gefässsystems. — Der Einfluss dieser anatomischen Anordnung auf die Circulations- und Ernährungsverhältnisse in den beiden Netzhauthälften wird uns klar, wenn wir erwägen, wie nach den Gesetzen der Hämatodynamik die Blutzufuhr zur Peripherie der äusseren Netzhauthälfte hierdurch erschwert wird. Nach dem Poiseuille'schen Gesetze wird durch die Reibung der einzelnen Bluttheile hauptsächlich in der Nähe der Gefässwandungen der Blutlauf so erschwert und verlangsamt, dass durch ein Gefäss von bestimmter Länge nur ein halb so grosses Blutquantum fliesst wie in derselben Zeit und unter übrigens gleichen Umständen durch ein um die Hälfte kürzeres Gefäss, mit anderen Worten: das durchfliessende Blutquantum ist entgegengesetzt proportional zur Länge des

Gefässes. Einen noch grösseren Einfluss auf die Bewegung des Blutes hat das Gefässlumen. Durch eine Röhre von bestimmtem Durchmesser fliesst in derselben Zeit und unter übrigens gleichen Umständen sechzehnmal so viel Flüssigkeit ab als durch eine andere, deren Durchmesser nur halb so gross ist. Demnach befindet sich schon im normalen Zustande die äussere Netzhautperipherie in weniger günstigen Circulations- und Ernährungsverhältnissen als die innere. Wenn nun in Folge intraoculärer Drucksteigerung die Widerstände bis zu einem gewissen Grade steigen, so kann die arterielle Blutzufuhr leicht eine solche Behinderung erfahren, dass hierdurch die Functionsfähigkeit der Netzhaut in der temporalen Hälfte bereits herabgesetzt oder aufgehoben ist, während sie an der nasalen Hälfte noch gut oder leidlich fortbesteht. Wenn ausnahmsweise die Einschränkung des Gesichtsfeldes von einer anderen Stelle der Netzhautperipherie aus beginnt und fortschreitet, mögen wohl exceptionelle, uns noch unbekannte Abweichungen in der Gefässbildung dem zu Grunde liegen."

In jenen Fällen, in welchen spontaner Arterienpuls gesehen wird (und der kommt mitunter auch bei Glaucoma simplex vor), spricht eben diese Erscheinung dafür, dass der normalen Speisung der Retina mit arteriellem Blute vermöge des gesteigerten intraoculären Druckes ein Hinderniss entgegen steht. Auch in jenen Fällen, in welchen schon ein gelinder Druck mit dem Finger auf das Auge Arterienpuls hervorzurufen vermag, darf füglich angenommen werden, dass die Circulation in den Netzhautarterien erschwert sei. In Fällen jedoch, in welchen dieser Versuch kein positives, mindestens kein unzweifelhaft verlässliches Resultat ergibt, kann auf das continuirliche oder zeitweise Bestehen eines solchen Hindernisses nicht direct, wohl aber aus einigen anderen Erscheinungen geschlossen werden. Diese sind: das Breiterwerden der Netzhautvenen gegen ihre Einmündung in die Papilla, allmäliges Blässerwerden der Papilla, noch bevor die Niveaudifferenz einen messbaren Grad erreicht hat, und die Art der Ausbreitung des Gesichtsfelddefectes.

Das Anschwellen der Venenstämme vor ihrem Eintreten ins Papillenbereich kann man schon durch einen mässigen Fingerdruck auf ein gesundes Auge bewirken; man hat also guten Grund, dasselbe auf Erhöhung des intraoculären Druckes zu beziehen, wenn es an einem Auge mit Excavation vorkommt und wenn überdies folgende Erscheinungen auf dieselbe Ursache hindeuten.

Anmerkung. „Der erhöhte Druck macht, dass nur bei der Herz-systole Blut in die Centralarterien eindringen kann, dass also sehr wenig Blut durch die Netzhaut strömt. Bei stärkerem Drucke scheint es, dass die positive Welle mit grosser Schnelligkeit sich in die Venen fortsetzt, wodurch das Blut, für welches jetzt kein Platz im Auge mehr vorhanden ist, beinahe gleichmässig durch die Arterien ein- und durch die Venen ausströmt. Die Verdunklung des Gesichtes bei starkem Fingerdruck ist dem gestörten Blutlaufe und dem hiedurch gestörten Stoffwechsel in der Netzhaut zuzu-schreiben.“ Donders, A. f. O., I. b, pag. 99.

Das allmälige Schwinden der schönen röthlichen Farbe des Sehnervenkopfes (der Cauda equina), welche

Fig. 11.

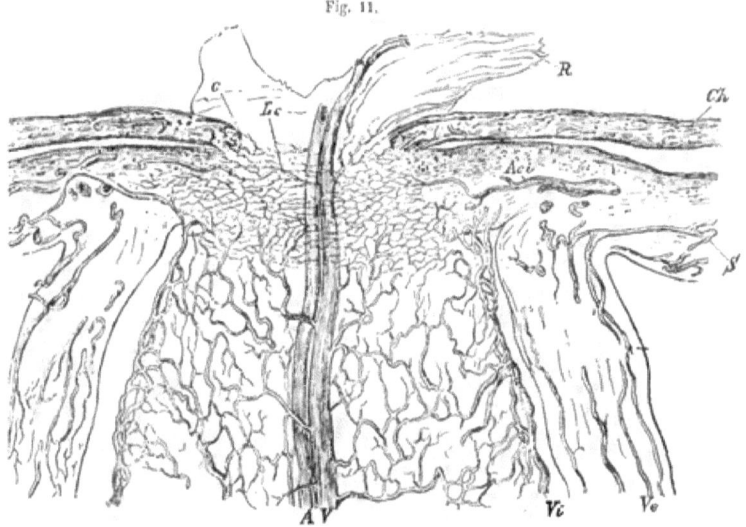

Längsschnitt durch die Eintrittsstelle des Opticus, nach Leber (Wolfring).[1]

S Sklera; Ch Chorioidea; R Retina; Ve äussere, Vi innere Opticusscheide; A Arteria centralis retinae; V Vena centralis retinae; Lc Lamina cribrosa; Aci kurze hintere Ciliararterie, die einen Zweig zum Opticus abgibt; c Gefässverbindungen zwischen Chorioidea und Opticus.

offenbar auf Füllung der Capillargefässe beruht, die den Seh-nerven im Bereiche der Lamina cribrosa durchsetzen, wird oft, selbst bevor man eine deutliche Knickung der Central-gefässe am Rande der Sehnervenscheibe bemerken kann, wahrgenommen und kann füglich auf die Compression bezogen werden, welche diese Capillaren durch den gesteigerten Druck

[1] Handbuch von Graefe-Saemisch, II. Bd., pag. 305.

erleiden; geringere, selbst mittlere Grade dieser Erblassung
schwinden nach der Iridektomie.

Wir sind gewöhnt, bei der Frage, ob Zeichen von Drucksteigerung, respective von Compression der Cauda equina
ophthalmoskopisch nachweisbar seien, auf das Verhalten der
Centralgefässe am Rande der Papilla allein zu achten. Die
Knickung der Gefässe daselbst kann aber erst nach längerer
Dauer (resp. öfterer Wiederkehr) der Drucksteigerung erfolgen,
denn der Vertiefung muss offenbar eine Verflachung der Papilla vorhergehen. Da die Centralgefässe von der Pforte aus
bis zu den vordersten Faserlagen der Papilla, bis nahe an
die Hyaloidea vordringen, bevor sie die Richtung nach der
Peripherie einschlagen, so muss die mächtige Nervenfaserlage,
welche eben den Wall um die centrale Vertiefung der Papilla
bildet, schon sehr beträchtlich comprimirt worden sein, ehe
die Gefässe an den Rand der Sclerotica gedrängt und, nach
weiterer Compression der Nervenmasse, geknickt werden
können. Die Papilla kann in Folge des abnormen Druckes
bereits abgeflacht und auch blässer geworden sein, bevor ihr
Niveau hinter das der Chorioidea zurückgedrängt und somit
die Gefässe geknickt erscheinen. Deshalb darf es uns auch
nicht befremden, wenn wir einmal am Umfange des Opticuseintrittes, vielleicht noch vor deutlicher Gefässknickung, eine
Erscheinung finden, welche gleichfalls aus Drucksteigerung
hervorgeht, nämlich den sogenannten glaucomatösen Hof,
auf den wir später noch zurückkommen werden.

Es kann vorkommen, dass bei Glaucom die Papilla in
toto röther aussieht als im normalen Zustande. Diese abnorme Röthe kann eine scheinbare sein, wenn nämlich die
noch nicht völlig erblasste Papilla durch ein trübes Medium
gesehen wird, wie etwa die Sonnenscheibe durch starken
Dunst; es kann aber auch sein, dass man in einem Momente
ophthalmoskopirt, welchem eben eine stärkere Compression
der Papilla vorausgegangen ist, in welchem der Druck, der
auf den Capillaren lastete, eben relativ geringer geworden ist.

Blutaustretungen sind leicht als solche zu erkennen. —
Später, wenn sich das Auge schon dem Stadium der Degene-

ration nähert, oder längere Zeit nach einer etwas spät vorgenommenen Iridektomie sicht man die Farbe der Höhle in manchen
Fällen durch grössere (neu gebildete?) Gefässe verändert.

Ausserdem sieht man, wenn die Capillaren im Schnerven-
kopfe blutleer und verödet sind und nur noch das sie um-
hüllende Bindegewebe (ihre Adventitia) übrig geblieben ist,
im Grunde der Grube dunkle, graublaue Tüpfel. Diese
sind nicht, wie man gemeint hat, durch Lücken in der Lamina
cribrosa bedingt; sie liegen hinter der Lamina. Das Weisse
des Grundes der Grube oder Höhle entspricht dem vorderen
Ende der markhaltigen Schnervenfasern und dem sie fest zusammenhaltenden Bindegewebe; die Tüpfel entsprechen jenen
Stellen, an welchen Fasern eines Bündels oder einzelne Bündel
ihr Mark früher (weiter hinten) verlieren. An den Stellen,
wo zahlreiche Fasern früher aufhören, markhaltig zu sein, wo
also das vom Spiegel hineingeworfene Licht erst von einer
tiefer gelegenen Stelle zurückgeworfen wird, entstehen Schatten,
d. i. bläuliche Tüpfel.

Anmerkung. Solche bei künstlicher Beleuchtung ins Bläuliche spielende Tüpfel kommen auch im physiologischen Zustande (bei breiter physiologischer Excavation) zum Vorschein, nur meistens reiner und deutlicher
ausgeprägt. Dass die Opticusfaserbündel ihr Mark nicht alle in gleicher
Entfernung vor ihrem Eintritte in den Bulbus verlieren, sondern einzelne
früher, andere später, sah ich an Präparaten, an welchen Dr. Paltauf blos
das Mark der Sehnervenfaserbündel gefärbt hatte. Könnten wir in einem
normalen Auge das Capillarnetz der Lamina cribrosa blutleer machen,
so würden wir den Augengrund im Bereiche des Sehnervenquerschnittes
jederzeit so getüpfelt sehen. Bei der physiologischen Excavation ist eben
nur ein mehr weniger breiter Reifen der Opticusscheibe roth; gegen die
Mitte zu erhalten wir mehr und mehr rein weisses Licht (von den bis zur Lamina
cribrosa markhaltenden Faserbündeln), nebstdem aber nicht selten dunkle
(bläuliche) Tüpfel, d. i. Mangel des weissen Reflexes an den Stellen, wo die
entsprechenden Bündel (oder zahlreiche Fasern eines Bündels) schon früher
(weiter hinten) ihr Mark verloren haben. Wenn einmal das Mark in
allen Fasern (Faserbündeln) in gleicher Flucht hinter der Lamina enden
würde, dann würde die Bedingung zur Entstehung der dunklen Tüpfel
(Schatten) fehlen.

Diese auf anatomische Thatsachen gestützte Ansicht steht im Einklange
mit der Thatsache, dass man bei physiologischer Excavation, um die Tüpfel
deutlich zu sehen, 1·5 bis 2 Dioptrien concav anwenden muss, falls die
Umgebung der Papilla Emmetropie zeigt. Die Umgebung der Tüpfel liegt
um 1·5—2 Dioptrien hinter der Umgebung der Sehnervenscheibe, d. i. um

0.5 ᵐᵐ, demnach hinter der Rückfläche der Lamina. Diese Messungen stützen sich auf acht Beobachtungen von Dr. v. Reuss und fünfzig von D. Dimmer.

Wenn einmal die Opticusfasern, deren Divergenz im Bereiche der Lamina cribrosa beginnt und eine trichterförmige Vertiefung bildet, in grösserer Anzahl nebeneinander (en masse) schon das Mark verlieren, daher durchsichtig werden, bevor sie die hintere Grenze der Lamina erreichen, so kann man sehr tief in den Opticus selbst hineinsehen; dann fehlt aber auch das Sichtbarwerden der genannten Tüpfel, namentlich nächst den Centralgefässen. Ed. v. Jäger[1]) hat sowohl die physiologische Excavation auf Taf. VIII, als auch die glaucomatöse auf Taf. X, XI und XII naturgetreu abgebildet, die in Rede stehenden Tüpfel jedoch als Lücken der Lamina bezeichnet.

Die Art und Weise, in welcher das periphere Sehen nach und nach geschädigt wird, und die Form, welche der Gesichtsfelddefect allmälig erlangt, sprechen entschieden dafür, dass diese Functionsstörung durch Druck auf die Netzhautgefässe, und zwar durch ungenügende, endlich mangelnde Versorgung der Retina mit arteriellem Blute bewirkt wird, in Folge deren alsdann auch Atrophie der Sehnervenfaserschicht eintritt. Diese Atrophirung erfolgt nach dieser Auffassung nicht, wie man bisher annahm, von der Papilla aus gegen die Ora serrata, sondern in umgekehrter Richtung. Anfangs ist da, wo später das Gesichtsfeld vollständig defect ist, nur eine Herabsetzung der dieser Partie de norma zukommenden Sehschärfe vorhanden, werden nur kleinere und minder beleuchtete Gegenstände nicht wahrgenommen. Die Grenzen des Defectes (mit dem Perimeter bestimmt) sind durchschnittlich nicht geradlinig, noch bogenförmig, noch scharf markirt, sondern meistens zackig und mehr weniger verwaschen. Dazu kommt noch, dass nicht selten auch bei tadelloser Durchsichtigkeit der Medien neben gleich grosser Einschränkung des Gesichtsfeldes (in verschiedenen Fällen) die centrale Region bald mehr bald weniger mitleidet, was bei der Annahme, dass die Sehstörung von Compression der Sehnervenfasern im Bereiche der Papilla herrühre, nicht er-

---

[1]) Jäger, Ophthalmoskopischer Handatlas, Wien 1869.

klarlich wäre, weil ja die am Skleralborde eintretenden
Fasern eben so stark comprimirt und noch stärker
geknickt werden müssen als die mehr im Centrum
des Sehnervenkopfes eintretenden. Dass die Stäbchen-
und Zapfenschicht, somit auch die gefässlose Stelle der Macula
lutea, ihren Nahrungsstoff von der Chorio-capillaris aus erhalte,
ist mindestens höchst wahrscheinlich.

„Die Bedeutung der Chorio-capillaris für die Ernährung der Netzhaut
wird vor Allem in jenen Fällen auf das Augenfälligste demonstrirt, wo die
letztere selbst ganz oder zum grössten Theile gefässlos ist und eine andere
Einrichtung, welche diesen Mangel ersetzen könnte, fehlt (Hase, Pferd etc.).
Dass ein solcher Einfluss aber auch bei gefässhaltigen Netzhäuten nicht un-
berücksichtigt bleiben darf, scheint mir daraus hervorzugehen, dass, wie
schon H. Müller bemerkt hat, die Capillaren der Chorioidea den Stäbchen
und Zapfen überall näher liegen als die Netzhautgefässe, und dass ferner
in der Gegend der Macula lutea, wo Gefässe in der Netzhaut fehlen, die
Capillarmaschen der Chorioidea am engsten sind. — Inwieweit der
Chorio-capillaris auch in Bezug auf die Ernährungsverhältnisse des Glaskörpers ein Einfluss zuzuschreiben sei, ist noch nicht hinreichend sichergestellt. Jedenfalls scheint in Betreff dieses letzteren derjenige Theil des
gefässreichen Ciliarkörpers, welcher hinter dem Petit'schen Canale gelegen
ist, die wichtigste Rolle einzunehmen." [1]

Wenn auch die Stauung zunächst in dem vorderen Abschnitte des Uvealtractus auftritt, so kann dieselbe doch
weiterhin nicht auf diesen allein beschränkt bleiben; sie muss
sich auch nach hinten auf die eigentliche Chorioidea aus-
breiten; Störungen der Circulation in der Chorio-capillaris
müssen die Function der Stäbchen und Zapfen dann mehr
weniger alteriren. Bei heftigen entzündlichen Anfällen dürfte
dies bereits sehr früh eintreten. Dem gegenüber muss ich
jedoch hervorheben, dass ich auch bei weit vorgeschrittener
Excavation, bei vollständiger Blindheit der Bulbi, wenn diese
— wie nach der Enucleation — frühzeitig in Müller'sche
Flüssigkeit gelegt worden waren, mit dem Mikroskope eine
merkliche Veränderung der Stäbchen- und Zapfenschicht
(wenigstens in der nächsten Umgebung der Papilla) zu erkennen nicht im Stande war. Vergl. die beigeschlossenen
Tafeln.

---

[1] Sattler, A. f. O., XXII. b, pag. 38.

Erfolgt aber die Atrophirung der Sehnervenfasern im
Auge nicht in der Richtung von der Papilla gegen die Ora
serrata, sondern als Folge der von der Peripherie her fortschreitenden mangelhaften Speisung der Retina mit arteriellem
Blute, so lässt sich auch die Eigenthümlichkeit im Gange der
Functionsstörung, dass der Farbensinn ungleich länger
erhalten bleibt als der Lichtsinn, recht gut in Einklang
bringen mit der Thatsache, dass bei Amblyopie centralen Ur-
sprunges das Erlöschen des Farbensinnes dem des Lichtsinnes
vorangeht. Gerade in dieser Thatsache erhält die Rydel'sche
Theorie eine beachtenswerthe Stütze, sobald man zugibt, dass
die Nervenfasern im Sehnervenkopfe bis zur Grubenbildung
verdrängt und comprimirt sein können, ohne ihre Leitungsfähigkeit eingebüsst zu haben. In der That geht aus den
Sectionsbefunden von Coccius, Magni und Knies hervor,
dass Augen, welche noch kleinen Druck lesen konnten,
in cadavere eine manifeste Excavation darboten, und die
klassische Beschreibung, welche H. Müller von der anatomischen Veränderung der Lamina cribrosa glaucomatöser Augen
entworfen hat, genügt an sich schon, Compression als Ursache
der Excavation plausibel zu machen. (Vergl. den Sectionsbefund, wo es heisst: „Die Faserung der Lamina cribrosa ist
an der vorderen Partie vom Rande her noch wenig rückwärts
geneigt, während sie am Grunde der Grube ziemlich stark
und plötzlich nach hinten ausweicht. Die hintere Partie derselben ist kaum auffällig verschoben.") Die pathologische
Anatomie hat im Allgemeinen längst nachgewiesen, dass Nervenfasern überhaupt einer staunenswerthen Compression oder
Distension ausgesetzt sein können, ohne ihre Function einzu-
büssen, wenn nur Druck oder Dehnung pedetentim erfolgen
und die Blutzufuhr (die Ernährung) dabei nicht aufgehoben
ist. Ein Blick auf Magni's meisterhafte Zeichnung Fig. 1
genügt, eine Excavation im secirten Auge einer Frau zu zeigen,
welche mit demselben noch bis zum Tode gewöhnlichen Druck
gelesen hatte. Nebst H. Müller hat auch Schweigger nach
seinen anatomischen Untersuchungen bestimmt ausgesprochen,
dass man in der Grube nebst den Gefässen Glaskörper und

Nervenfasern findet, welche während des Lebens durchsichtig sind.

Anmerkung. Schön (Lehre vom Gesichtsfelde nach Nagel's Jahresbericht für 1874) sagt bezüglich des Glaucoms: „Die Farbengrenzen haben sich von den Aussengrenzen zurückgezogen, zum Zeichen, dass die Peripherie der Retina durch den Druck und die mangelnde Blutzufuhr mehr gelitten hat, dagegen werden die Farben noch alle erkannt, selbst in so sehr eingeengten Gesichtsfeldern, dass, wenn es sich um Atrophie handelte, absolute Farbenblindheit herrschen würde." „Je weniger dieses Zurückweichen vorhanden ist, desto günstiger sind die Aussichten für die Iridektomie."

Der Umstand, dass in der Regel noch eine an der Nasenseite gelegene Partie der Netzhaut functionsfähig bleibt, nachdem die Erblindung successive von der Nasen- zur Schläfeseite erfolgt ist, und dass, die Einschränkung mag von wo immer, z. B. von oben oder von unten ausgegangen sein, mitunter eine kleine excentrisch gelegene Netzhautpartie noch einige Zeit functionsfähig bleibt, lässt sich leicht begreifen, wenn man die Erblindung nach Rydel's Anschauung von der mangelhaften Blutversorgung der Netzhaut ableitet. Sicherlich ist bei der Erschwerung der Circulation in den Netzhautgefässen nicht blos die Entfernung eines Bezirkes von der Gefässpforte und das Caliber des diesen Bezirk versorgenden Gefässes in Anschlag zu bringen, was Rydel betont hat, sondern auch der Umstand, ob dieses Gefäss seinen Verlauf unverändert bewahrt, oder aber eine Verdrängung, eine Zerrung, eine Knickung erlitten hat. Wolfring[1]) bemerkt, dass man an der Lamina cribrosa sehr oft findet, „dass sowohl die Nervenbündel, als auch die dieselben scheidenden Elemente nach der Nasenseite dichter zusammengedrängt sind als auf der Schläfenseite", und in der Regel beginnt die Excavation an der Schläfenseite und liegt, wenn der sogenannte glaucomatöse Hof keinen geschlossenen Ring, sondern nur einen Bogen (Meniscus) bildet, dieser nicht an der Nasen-, sondern an der Schläfenseite. Da die Gefässpforte in tiefen Excavationen, wenn überhaupt, nur nach der Nasen-, nie nach der Schläfenseite verschoben erscheint, so gewinnt die Anschauung von Rydel auch durch diesen Befund an Wahr-

[1]) A. f. O., XVIII. b, pag. 10.

scheinlichkeit. Die Knickung, welche die für die nasale
Netzhautpartie bestimmten Arterien erleiden, ist allem Anscheine nach geringer als die der Arterien, welche die temporale Partie versorgen. Die Centralgefässe erleiden aber, wie
schon H. Müller angegeben hat, bei der in Rede stehenden
Excavation eine zweifache Knickung und, wie später gezeigt
werden wird, auch eine namhafte Verlängerung (resp. Dehnung). Bei jeder ampullenförmigen Excavation ist die Knickung
am Skleralborde eine spitzwinkelige. Jacobson[1] sah „die
bekannten Gefässverschiebungen erst am oberen und unteren,
dann am temporalen, zuletzt am nasalen Papillenrande auftreten."

Steht aber der Satz aufrecht, dass die Excavation auch
in jenen Fällen, in welchen man zur Zeit der Untersuchung
und selbst bei deren Wiederholung keine tastbare Drucksteigerung nachweisen kann, dennoch die Folge früherer oder
zeitweilig wiederkehrender Drucksteigerung ist, und ferner,
dass die Functionsstörung gleich der Excavation durch Druck,
wenngleich nicht vermöge der Compression der Sehnervenfasern, sondern vermöge ungenügender Versorgung der Netzhaut mit arteriellem Blute erfolgt, so sind die wesentlichen
Erscheinungen und deren Reihenfolge für alle jene Fälle erklärt, welche trotz des Mangels aller äusserlich wahrnehmbaren Entzündungserscheinungen als Glaucom, als erstes
Stadium desselben, aufgefasst werden müssen. Das Wesentliche der Graefe'schen Glaucomlehre, dass bei Glaucom
die Erblindung durch Steigerung des intraoculären
Druckes erfolge, bleibt aufrecht, und dieser Auffassung
des glaucomatösen Processes verdanken wir die grösste
praktische Leistung, welche die Augenheilkunde seit der
Erfindung des Augenspiegels aufzuweisen hat. Sie erstreckt
sich nicht blos auf das Gebiet des Glaucoms im eigentlichen
(engeren) Sinne des Wortes, sondern auch auf die zahlreichen
Fälle des sogenannten Secundärglaucoms und rettet auch viele
von diesen vor der sonst unheilbaren Erblindung.

[1] A. f. O., XXX. a, pag. 205.

2. In einer anderen Reihe von Fällen — ungleich zahl reicher — kündigt sich das Stadium der Stauung durch heftigere subjective Zufälle an, welchen sich mitunter auch objective Erscheinungen anschliessen, die schon mehr weniger auf einen entzündlichen Zustand hindeuten. Es sind dies die Zufälle, welche A. v. Graefe [1] als Prodromalsymptome des sogenannten entzündlichen Glaucoms für die Praktiker so meisterhaft geschildert hat. Später hat Laqueur [2] vom klinischen Standpunkte aus sich sehr eingehend damit befasst.

In den hieher gehörenden Fällen ist es Trübsehen (wie durch Rauch oder Nebel), nicht selten begleitet von dumpfen oder selbst heftigen Schmerzen im Bereiche des Nervus supra- oder infraorbitalis, welches den Kranken anfallsweise belästigt; in manchen Fällen gehen Anfälle halbseitiger Kopfschmerzen voraus. Die Anfälle kehren in der ersten Zeit in grösseren Zwischenräumen (Wochen, Monate, Jahre) und mehr flüchtig (durch einige Stunden), dann aber in kürzeren Intervallen und länger andauernd wieder. Gewöhnlich werden bei den Anfällen mit Verschleierung des Gesichtes auch Regenbogenfarben (um eine Kerzenflamme) wahrgenommen. Nach Laqueur „sehen manche Kranke während eines stärkeren Anfalles bei geschlossenem Auge in der Peripherie ihres Gesichtsfeldes nach vorn, kaum über den Aequator hinaus, in rascher Folge an verschiedenen Punkten kleine farbige Lichtblitze aufschiessen, am meisten nach innen, unten und aussen, viel weniger nach oben; sie beschreiben das Phänomen wie ein Feuerwerk, in welchem von allen Seiten, nur nicht nach vorn, eine Unzahl farbiger Raketen aufschiessen".

Wird der Kranke zur Zeit eines solchen Anfalles untersucht, so kann die centrale Sehschärfe etwas herabgesetzt, aber auch unverändert vorgefunden werden. Bei heftigeren Anfällen lässt sich, wenn nicht ein Defect im Gesichtsfelde, so doch Herabsetzung der Sehschärfe in der Peripherie nachweisen. Der Bulbus ist dabei unzweifelhaft abnorm gespannt. Die Iris erscheint nur wenig lichter, matt und etwas träger, die Pupille relativ zu der des gesunden Auges erweitert, doch rund, wenn nicht etwa schon heftigere Anfälle vorausgegangen sind. Mit freiem Auge oder mittelst focaler Beleuchtung (manchmal nur bei durchfallendem Lichte) lässt sich eine leichte diffuse Hornhauttrübung bei glatter Oberfläche nachweisen, welche, da sie vorzugsweise das Centrum einnimmt, die ophthalmoskopische Untersuchung erschwert oder unmöglich macht. Diese Trübung muss als die Ursache der farbigen Ringe um die Kerzenflamme angesehen werden. Wenn die Medien die Einsicht gestatten, findet man, wenigstens in manchen Fällen, spontanen Arterienpuls.

Die Einschränkung der Accommodation, welche Graefe als rasche Zunahme der bereits vorhandenen Presbyopie bezeichnete, kommt dem ersten Stadium des Glaucoms wahrscheinlich constant zu, gleichviel ob es in der unter 1. oder in der unter 2. beschriebenen Verlaufsweise in die Erscheinung tritt. In jenen Fällen, in welchen die Linse vermöge Steigerung des intraoculären Druckes, die vom hinteren Augenraume ausgeht, etwas nach vorn gedrängt wird — unter entsprechender Abnahme des Kammerwassers — muss die Spannung der Zonula bleibend erhöht sein, wird demnach der gleichen Contraction des Accommodationsmuskels nicht eine der Elasticität der Linse entsprechende Wölbung der Linse an ihrer Vorderfläche erfolgen können, wie bei normaler Zonulaspannung. Es ist immerhin denkbar, dass in Augen mit erschwertem Rückflusse des Blutes aus dem Uvealtractus der Druck im hinteren Augenraume bereits auf die Linse wirke, bevor sich derselbe noch anderweitig geltend und wahrnehmbar macht, namentlich so lange, als die vordere Kammerbucht frei ist. In manchen Fällen ändert sich der Refractionszustand in dem Sinne, dass ein emmetropisches Auge anfängt, mit Concavgläsern besser in die Entfernung zu sehen. Diese Erscheinung hängt wahrscheinlich vom senilen Härterwerden des Linsenkernes ab, welche nicht selten — auch ohne Glaucom — der Kataraktbildung vorangeht.

Der Anfall, der plötzlich eingetreten war, schwindet allmälig, meistens noch an demselben Tage oder doch nach
dem nächsten ruhigen Schlafe vollständig und lässt keine Erscheinung zurück, welche auf den Fortbestand der Krankheit
schliessen lässt. Bezüglich des Verschwindens solcher Anfälle
bemerkt Laqueur: „a) Die Zufälle verschwinden von
selbst; dies geschieht nur bei leichten Anfällen; die Patienten
sehen dann (zuweilen unter dem Einflusse einer geistigen
Zerstreuung oder auch eines Spazierganges) den Nebel nach
und nach sich aufhellen, die Farbenringe erblassen, die völlige
Klarheit des Sehens wiederkehren. Bei längerem Bestehen
der Krankheit wird diese spontane Beendigung der Zufälle
immer seltener. b) Die eigentliche physiologische Lösung
des Anfalles besteht im Schlafe. Niemals überdauert der
Anfall den nächtlichen Schlaf, ja ein kurzer Mittagsschlaf
reicht hin, den Anfall vorüber zu führen. c) Das einzige
Mittel, den Anfall künstlich zu coupiren, ist die Einträuflung
einer Physostigminlösung ins Auge. Die Verengerung der
Pupille, welche bei gesunden Augen nach einem Tropfen
einer 0·5 %-Lösung in 5—10 Minuten eintritt, erfolgt hier
erst in 10 Minuten und erreicht ihr Maximum erst in 20 bis
25 Minuten. Die Abnahme der Druckerhöhung wird erst
nach einer Stunde deutlich bemerkbar." Laqueur bemerkt
noch, sein Assistent Dr. Ulrich habe in einem Falle Gelegenheit gehabt, sich davon zu überzeugen, dass ein vorher
vorhandener spontaner Arterienpuls nach der Einwirkung
des Physostigmins völlig verschwunden ist.

„Die häufigen Wiederholungen der Anfälle — führt Laqueur fort — bei welchen von einer regelmässigen Intermittenz
niemals die Rede ist (auch da, wo sie scheinbar regelmässig zu
derselben Tageszeit wiederkehren, lässt sich nachweisen, dass
sie durch die Wiederkehr der nämlichen Schädlichkeiten hervorgerufen werden), werden von manchen Augen in über-
raschender Weise durch eine Reihe von Jahren ertragen, ohne
dass dieselben dauernden Schaden nehmen; sie kehren in den
Intervallen immer wieder vollständig zur Norm zurück. Mehrere jugendliche Glaucomatöse boten auch nach langem Be-

stehen des Prodromalstadiums durchaus keine pathologischen
Veränderungen dar. Andere verhalten sich freilich anders. Bei
einer Patientin, welche ausserhalb der Anfälle spontanen Arterienpuls zeigte (bei völlig klarem Sehen, aber erhöhter mittlerer Spannung), deren linkes Auge ich vor sechs Jahren wegen
subacuten Glaucoms iridectomirt habe und deren rechtes an
Prodromen leidendes Auge ich von den allerersten Anfängen
der Erkrankung an beobachten konnte, liess sich schon ein
Jahr nach dem ersten Auftreten der Prodromalerscheinungen
bei nicht einmal häufig wiederkehrenden Anfällen eine Sehnervenexcavation nachweisen, welche gleichsam unter meinen
Augen entstand, an der temporalen Seite anfing und sich nach
einiger Zeit über die ganze Papilla erstreckte. (Centrale Sehschärfe, Refraction und Accommodation hatten auch hier nicht
gelitten, wohl aber war eine Undeutlichkeit im indirecten Sehen
nach innen — unten eingetreten.)"

Die in Rede stehenden Fälle unterscheiden sich von den
unter 1. geschilderten zunächst dadurch, dass die Recrude-
scenzen nicht mit Re-, sondern mit Intermittenz auftreten.
Die Heftigkeit der Zufälle nimmt die Aufmerksamkeit der
Kranken so stark in Anspruch, dass sie die leichteren Fluctuationen in der Zwischenzeit der Anfälle meistens nicht
beachten. Denn die Krankheit besteht ununterbrochen fort.
Das anatomische Hinderniss, welches die freie Circulation
erschwert, erhält durch besondere Schädlichkeiten einen
Succurs, wodurch die Zufälle, welche den Anfall kennzeichnen,
rasch hervorgerufen werden. Diese rasche Steigerung wird offenbar durch Beeinflussung der vasomotorischen Nerven eingeleitet. Die Schädlichkeiten, welche auf die vasomotorischen
Nerven nachtheilig einwirken, sind: deprimirende Gemüthsaffecte, Schlaflosigkeit, Herabgekommensein durch Mangel an
Nahrung, an frischer Luft, schmerzhafte körperliche Leiden.
Wir können mit Laqueur sagen: „es begünstigt eben Alles
den Ausbruch des Glaucoms, was als schwächende
Potenz auf den Organismus wirkt"; wenn er hinzufügt:
„und was einen pupillenerweiternden Einfluss hat", so wollen
wir vorläufig den letzten Theil seiner Thesis nicht in Betracht

ziehen; der erstere beruht auf längst constatirten Thatsachen der Beobachtung. Da das fortbestehende anatomische Hinderniss, welches nur durch das Hinzutreten der Störung seitens der vasomotorischen Nerven eine höhere Bedeutung gewinnt, an und für sich nicht hinreicht, die Circulation beträchtlich und andauernd zu stören, so kann nach günstiger Beeinflussung der vasomotorischen Nerven, z. B. durch Pilocarpin, das Transsudat, welches vermöge der stärkeren Stauung im Uvealtractus gesetzt wurde, auch wieder eliminirt werden und das Auge wenigstens scheinbar sich wie ein gesundes verhalten, bis endlich die Wiederkehr einer der genannten Schädlichkeiten den Uebergang in das zweite Stadium (das der manifesten Entzündung) bewirkt. Zu beachten scheint mir, dass Anfälle, welche durch jahrelange Intervalle von einander getrennt auftreten, meistens bei jüngeren Individuen vorkommen, oft schon aus den dreissiger Jahren datiren. Was es sei, wodurch die Ausgleichung erleichtert werde, ist allerdings kaum zu entscheiden; vielleicht ist es die Beschaffenheit der Gefässwandungen. Offenbar hat nach längerem Bestande dieses Zustandes und mit weiter vorgerücktem Alter auch das anatomische Hinderniss zugenommen und reichen dann schon geringere Grade der genannten Schädlichkeiten hin, solche Anfälle hervorzurufen, bis es endlich während eines solchen Anfalles zur förmlichen Entzündung kommt.

Was bei den hier besprochenen Fällen ganz besonders hervorgehoben werden muss, ist die Flüchtigkeit nicht nur der subjectiven, sondern auch der objectiven Erscheinungen. Sie ist wohl zu unterscheiden von den regelmässigen Fluctuationen, welche bereits unter 1. beschrieben wurden und welche, wie wir weiterhin sehen werden, auch später, selbst nach vollständiger Erblindung Glaucomatöse täglich durch einige Stunden um dieselbe Zeit belästigen. Diese Exacerbationen, wenn man so sagen darf, treten unabhängig von der Lebensweise und trotz aller Vorsichten gegen die Schädlichkeiten, welche die flüchtigen Anfälle hervorzurufen pflegen, in die Erscheinung und hören erst nach Atrophirung oder eitriger Zerstörung des Bulbus ganz auf.

Unter den flüchtigen Erscheinungen vorzugsweise auffallend ist die Hornhauttrübung und das damit gleichzeitige Auftreten von Regenbogenfarben. Ich hatte die diffuse Trübung der Hornhaut bei entzündlichen Glaucomanfällen vom klinischen Standpunkte aus als acutes Oedem bezeichnet.[1]) In neuerer Zeit hat Schnabel[2]) sich sehr eingehend damit befasst und sie als Ansammlung trüber Flüssigkeit in der Hornhaut erklärt. Er betont, dass dieselbe zumeist nur den mittleren Theil der Cornea einnehme, eine mehr oder weniger breite Randzone frei lasse und dass dabei der Glanz der Cornea nicht mitleide. Sie allein sei es, welche die Einsicht (mit dem Ophthalmoskop) in den Grund des Auges behindere, das Kammerwasser und der Glaskörper seien dabei nicht getrübt. Laqueur l. c. bezeichnet die Trübung bei stärkeren Anfällen und besonders nach längerer Dauer der Krankheit als leicht und diffus — bei seitlicher Beleuchtung — die Oberfläche vollkommen glatt; bei gewöhnlichem Tageslichte verrathe sich die Trübung der Hornhaut dadurch, dass die Details der Iriszeichnung weniger klar hervortreten. Erst Fuchs[3]) hat durch mikroskopische Untersuchungen nachgewiesen, dass diese Trübung als Oedem der Hornhaut aufzufassen sei, wenngleich in etwas anderem Sinne, als ich gemeint hatte und noch meine. Da diese Trübung vorzugsweise bei entzündlichen Anfällen, also im zweiten Stadium vorkommt, werden wir erst bei II. näher auf deren Entstehung eingehen. Auch die Frage, ob nebst dieser Trübung der Cornea auch noch Trübung des Kammerwassers und des Glaskörpers vorhanden sein könne, kann füglich erst bei Betrachtung des zweiten Stadiums zur Erörterung gelangen.

Das Sehen von Regenbogenfarben, welches, wie besonders Laqueur erörtert hat, ganz bestimmt nur von einer vor der Linse, also in der Cornea oder in der Kammer befindlichen Trübung abgeleitet werden kann, tritt in diesem Stadium gewöhnlich nur während des Anfalles auf; es kommt aber

---

[1]) Arlt, Krankheiten des Auges, 1853, II. Bd., pag. 178.
[2]) A. f. A. und O., V. a, pag. 53.
[3]) A. f. O., XXVII. c, pag. 66.

auch ausser der Zeit vor und pflegt dann Fluctuationen zu
zeigen, welche an gewisse Stunden des Tages, respective der
Nacht gebunden sind. Daraus darf man schliessen, dass eine
Veränderung in den vor der Linse gelegenen Medien von
so geringem Grade vorhanden sein muss, dass sie weder die
Sehschärfe merklich beeinträchtigt, noch durch Beobachtung
von aussen (bei seitlicher Beleuchtung, bei durchfallendem
Lichte mittelst des Spiegels) wahrgenommen werden kann.

II. Das Stadium der Entzündung.

a. Aeusserlich sichtbare Entzündungszufälle können auftreten in Augen, welche, kurz vorher untersucht, weder ophthalmoskopisch, noch functionell — prämature Presbyopie allenfalls ausgenommen — Verdacht auf Glaucom erregten. Dies
konnte man wiederholt constatiren, als man bei Vornahme der
Iridektomie auf dem einen an entzündlichem Glaucom erkrankten Auge noch nicht die Vorsicht gebrauchte, in das gesund
erscheinende früher Physostigmin oder Pilocarpin einzuträufeln.
Es gibt auch Fälle, in welchen die Angabe des Kranken ver-
lässlich erscheint, dass er unmittelbar vor dem Auftreten der
Erscheinungen, welche den Ausbruch der Entzündung anzeig-
ten, keine Störung an dem Auge bemerkt habe. In anderen
Fällen geht den entzündlichen Erscheinungen durch kurze
Zeit (circa einen Tag) sehr rasches Erlöschen der Sehkraft —
im Verlaufe weniger Stunden — voraus, welches wohl nur
durch rasch herbeigeführte Stauung im Uvealtractus und durch
rasch entstandene Ischämie der Netzhaut erklärt werden kann.
Sichel wählte für solche Fälle den Ausdruck „congestion
oculaire foudroyante", Graefe bezeichnete sie als Glaucoma
fulminans.

„Solche Fälle[1]) zeichnen sich zuweilen durch eine sehr
rasche Entwicklung der anderen Druckzeichen aus, durch
eine in kürzester Zeit ihr Maximum erreichende Pupillar-
erweiterung, plötzliche Abflachung der vorderen Kammer,
steinerne Härte des Bulbus, Anästhesie der Hornhaut und
Heftigkeit der Ciliarneurose. Zuweilen aber treten diese Zeichen

---

[1]) Graefe, A. f. O., VIII. b, pag. 241.

nicht in vorwiegendem Grade hervor, und doch ist das Sehvermögen in einigen Stunden, selbst in einer halben Stunde,
absolut erloschen. Der Augenspiegel zeigt dann in der Regel
eine diffuse Trübung des Humor aqueus und des Glaskörpers
und, so weit diese die Beurtheilung gestattet, eine sehr erhebliche Ueberfüllung der Netzhautvenen. Es bildet sich verhältnissmässig sehr rasch Schwund der Arterien und Sehnervenexcavation aus, welche letztere ich einmal schon wenige
Wochen nach dem Auftreten der Krankheit in einer sehr tiefen
Form beobachtete. Die Injectionsphänomene können allerdings
gleichzeitig mit der Erblindung auftreten, zuweilen schleppen
sie aber in eigenthümlicher Weise nach." „Ich habe diese
Fälle von fulminirendem Glaucom bis jetzt nur bei alten
Leuten jenseits 55 Jahren beobachtet." Nach der Mittheilung
von vier Fällen, von denen insbesondere der vierte im Original
auf pag. 249—253 nachgelesen zu werden verdient, bemerkt
Graefe: „Die ungewöhnlich starken Hämorrhagien, welche
eigentlich in allen Fällen von fulminirendem Glaucom der
Iridektomie folgten, argumentiren wohl ebenfalls dafür, dass
eine enorme Stauung des Blutes in den Venen von Anbeginn
der Krankheit stattfindet. Ob die absolute Erblindung mehr
auf Rechnung der Circulationsstörung, nämlich des unterdrück-
ten Bluteintritts und Blutaustritts, oder auf directe Compression der Leitungsfasern zu setzen ist, bleibt wie überhaupt für
acutes Glaucom zweifelhaft. Die ungewöhnlich rasche Ausbildung einer tiefen Druckexcavation fällt in letzterem Sinne
in die Wagschale, aber es gehen beide Momente so Hand in
Hand, dass ich die Möglichkeit einer Entscheidung ohne Will-
kür nicht einsehe." „Es könnte die Frage aufgeworfen werden," fügt Graefe auf pag. 280 hinzu, „ob nicht eine Steigerung des intraoculären Druckes die Netzhautfunction zu
lähmen im Stande wäre, ohne dass der Sehnerv weicht. Für
eine gewisse Zeit lang findet dies notorisch statt. Wir rufen
dann theils die Abschneidung der arteriellen Blutzufuhr (Donders), theils auch die directe Compression
der Netzhaut zu Hilfe. Auf die Dauer aber scheint es ein
für die Diagnostik sehr günstiger Umstand zu sein, dass eine

jede Drucksteigerung, welche auf die Netzhautleitung influirt, auch zu der charakteristischen Sehnervenexcavation führt." — Später, im 15. Bande c. pag. 112, spricht sich Graefe schon viel entschiedener aus. „Bei dem acutentzündlichen Glaucom haben wir die Erblindung der Hauptsache nach als ischämische Netzhautparalyse aufzufassen." „Unzulässig ist jedenfalls die Annahme, dass die Vermehrung des Druckes die nervöse Leitung als solche hemmt." „Das Vermittelnde bleibt die Aufhebung oder Behinderung der arteriellen Blutzufuhr."

b. In der Mehrzahl der Fälle von Glaucom, welche mit äusserlich wahrnehmbaren, auf Entzündung deutenden Zeichen zur Beobachtung kommen, sind entweder deutlich inter- oder remittirende Anfälle mit Sehstörung vorausgegangen oder ergibt sich aus den Angaben des Kranken, aus der Functionsprüfung und aus der ophthalmoskopischen Untersuchung, dass die Krankheit seit langer Zeit bereits latent (als Glaucoma simplex) bestanden habe. Wir können den Eintritt oder Anfang eines entzündlichen Vorganges im Auge, also das Austreten nicht blos wässeriger, sondern auch zelliger oder plastischer Elemente aus den Gefässen im Auge, erst von dem Zeitpunkte datiren, in welcher unter mehr weniger deutlicher Ciliarinjection rings um die Cornea sehr bald Trübung in den Medien mit bald kaum beachteten (sehr gelinden), bald sehr heftigen (sozusagen unerträglichen) Reizerscheinungen im Bereiche des Ciliarnervensystems auftreten. Nicht selten sind solche Augen entschieden lichtscheu und gegen Betastung der Ciliarkörperregion empfindlich.

Im weiteren Verlaufe unserer Betrachtungen werden wir sehen, dass mitunter auch in solchen Fällen, in welchen niemals eine Spur von entzündlichen Erscheinungen vorhanden gewesen sein soll, Veränderungen vorgefunden werden, namentlich in der Iris, welche nur auf vorausgegangene Entzündung im Uvealtractus zurückgeführt werden können. Daraus ergibt sich mit grösster Wahrscheinlichkeit, dass es Fälle gibt, in welchen die genannten, auf eine Entzündung deutenden Merkmale auch sehr wenig ausgeprägt erscheinen.

Wenn die Entzündung sehr rasch ansteigt und einen hohen Grad erreicht, unter heftigen halbseitigen Kopfschmerzen, Thränen, Lichtscheu und rapider Abnahme des Sehvermögens, manchmal auch mit Photopsien, so finden wir am ersten oder doch am zweiten Tage die Augenlider entzündlich ödematös geschwollen, die Conjunctiva an den Lidern geröthet, doch ohne Schleimfluss, am Bulbus chemotisch, einen förmlichen, wenn auch meistens nicht gerade prallen Wall um die Cornea bildend, von einem schütteren Gefässnetze durchzogen, daher die darunter liegende dichte und violette Ciliarinjection durchscheinen lassend, die Cornea nicht nur trüb, sondern auch matt, meistens particll oder durchaus gegen Berührung unempfindlich, die Pupille (mit seltenen Ausnahmen) stark erweitert, doch rund und eher einen rauchigen als einen grünlichen Reflex darbietend, das Auge hart und schmerzhaft anzufühlen; der Bulbus ist spontan beweglich, verschiebbar, nicht aus der Orbita hervorgedrängt. Appetitlosigkeit, Erbrechen, fieberhafte Aufregung sind dabei nicht selten vorhanden. In diesem Zustande kann es unmöglich sein, eine kunstgerechte Iridektomie vorzunehmen; eine Punktion kann genügen, die heftigen Schmerzen zu lindern, bis die Chemosis so weit zurückgegangen ist, dass man den Einstich zur Iridektomie hinreichend peripher anlegen kann. Das Oedem der Lider und der Conjunctiva bulbi pflegt nach 5—6 Tagen von selbst zu verschwinden. Alsdann beginnt das Auge sich zu klären, die Schmerzen mildern sich; die Sehkraft kann vernichtet bleiben oder bis zu einem gewissen Grade wiederkehren, aber das Aussehen der Iris und die Härte des Bulbus ändern sich nicht merklich und von der Ciliarinjection bleibt eine schmutzige Färbung des episkleralen Bindegewebes mit einzelnen erweiterten Ciliarvenen zurück. Die Cornealtrübung hält viele Tage (acht und darüber) an, bevor sie ganz verschwindet; sie ist nicht selten von saturirteren, einander unregelmässig kreuzenden, grauen oder gelblichgrauen Streifen durchzogen. — Im weiteren Verlaufe unterscheiden sich solche Fälle von den minder heftig aufgetretenen nicht besonders, doch pflegen sich später bei frischen Nachschüben (oder auch

ohne solche) Lateralstaphylome der Sklera zu entwickeln,
deren Entstehung wir später erörtern werden.

In minder stürmisch auftretenden Fällen geben
theils die starre Erweiterung und rauchige Trübung der Pupille, theils die Trübung und Glanzlosigkeit der Hornhaut,
vorzüglich aber die dunkle Injection der vorderen Ciliargefässe
rings um die Hornhaut und die schlaffe, von einem schütteren
Gefässnetze durchzogene Conjunctiva bulbi dem Auge ein
ganz eigenthümliches Ausschen, welches, einmal gut beobachtet,
bei ferneren Beobachtungen sofort wieder seiner Bedeutung
nach erkannt wird, wovon ich mich bei meinen Studenten oft
überzeugt habe. Die Herabsetzung des Sehvermögens, theils
durch Trübung der Medien, theils durch Veränderungen in
der Netzhaut bedingt, erholt sich mehr und mehr, wenn auch
nicht zu dem Status quo ante insultum, bis ein frischer Nach-
schub, früher oder später, mehr oder minder heftig, den Reigen
wiederholt und der Process nach und nach mehr einen chronischen Verlauf mit Remissionen annimmt. Die nach längerem
Bestande auftretenden Veränderungen, namentlich an der Iris
und an der Sklera, werden bei Betrachtung der Veränderungen
in den einzelnen Gebilden näher besprochen werden; ebenso
die hier seltenere Staphylombildung in der Sklera.

Ein gelinder Anfall, mag er nun als erster oder als
Wiederholung (Verschärfung) früherer aufzufassen sein, cha-
rakterisirt sich zunächst dadurch, dass die mehr weniger auffallende Sehstörung keine flüchtige, in einigen Stunden vor-
übergehende ist, durch mehr weniger deutliche Schmerzen im
Auge und in der Umgebung, durch ringförmige Ciliarinjection,
Trübung der Medien, verminderte oder aufgehobene Beweglichkeit und Farben-, wohl auch Lage- und Gestaltveränderung
der Iris, erhöhte Spannung des Auges, Einschränkung des Gesichtsfeldes und, sobald die Besichtigung des Augenhinter-
grundes möglich ist, durch die für die Drucksteigerung charakteristischen Veränderungen desselben (Arterienpuls, Excavation der Papilla und den glaucomatösen Hof).

Als Sitz der Entzündung und gewissermassen als
Ausgangspunkt aller zu Anfang und im weiteren Verlaufe auf-

tretenden Erscheinungen ist der vor einem oder vor
mehreren Wirbeln der Venen gelegene Theil der
Chorioidea mit Einschluss des flachen Theiles vom
Ciliarkörper (des Orbiculus ciliaris) zu bezeichnen.

Sobald der Abfluss des Blutes durch eine oder einige der
Wirbelvenen erschwert ist, bedarf es, selbst wenn es noch
nicht zu anhaltender Stauung (mit oder ohne Transsudat in
den Glaskörper) gekommen ist, wohl nur eines geringen Ein-
flusses auf die vasomotorischen Nerven, auf dass es zu
rasch ansteigender Stauung und sofort zu vermehrter Ausscheidung nicht blos flüssiger, sondern auch mehr weniger
plastischer Elemente aus den Gefässen kommt. Sattler[1] bemerkt in seiner Arbeit über den Bau der Chorioidea, p. 34:

Schliesslich haben wir noch eines eigenthümlichen Vorkommnisses zu
gedenken, welches an der Uebergangsstelle der eigentlichen Chorioidea
in den Ciliarkörper in sehr wechselnder Ausprägung in etwas weniger als der
Hälfte aller Augen, die ich darauf untersucht habe, anzutreffen war. In
solchen Fällen fand ich nämlich anstatt und neben den gewöhnlichen Capillaren ein Netz von Haargefässen, welche in jeder Beziehung von den
ersteren so auffallend differirten, dass sich mir beim ersten Anblick die Idee
aufdrängte, es handle sich um pathologische Gefässneubildung. Während
die gewöhnlichen Capillaren gerade an der vorderen Grenze ihre grösste
Weite (0·018—0·038 mm) erreichen, und die Maschen ebenfalls am grössten,
namentlich stark in die Länge gezogen erscheinen, besitzen jene eigenthümlichen Capillaren ein äusserst feines Lumen (von 0·004—0·006; nur wenige
erreichen 0·008 mm), so dass rothe Blutkörperchen nur in einfacher Reihe sich
durch dieselben hindurchwinden können. Die Maschen sind vorwiegend
rundlich und zeigen in Bezug auf ihre Weite die denkbar grössten Schwankungen. Neben solchen mit einem mittleren Durchmesser von 0·120 mm
finden sich andere, die enger sind als die engsten Capillarmaschen in der
Nähe des Sehnerveneintrittes. Während die Wandkerne der gewöhnlichen
Capillaren der Chorioidea eine schön ovale Form und einen Längsdurchmesser
von 0·008—0·01 mm besitzen, sind sie hier in der Regel viel länger und schmäler.
Auch folgen sie in viel kürzeren und ganz unregelmässigen Abständen auf
einander. Nicht selten sieht man lang gestreckte Adventitialzellen der Ca-
pillarwand äusserlich anliegen. Dieses eigenartige Gefässnetz findet sich
zunächst unter der Glaslamelle der Chorioidea und liegt den gewöhnlichen
Capillaren, mit denen es mehrfach, namentlich gegen sein hinteres Ende zu,
in Communication steht, unmittelbar auf. Stellenweise fehlen aber in seinem
Bereiche die gewöhnlichen Capillaren ganz, werden also durch jenes Netz
ersetzt, oder es sind die Maschen der ersteren weiter als sonst und reichen

[1] Ueber den feineren Bau der Chorioidea des Menschen. A. f. O.,
XXII b. pag. 1—100.

weniger weit nach vorn. Hingegen erstrecken sich in Fällen, wo das eigenthümliche Capillarnetz besonders stark ausgebildet ist, dessen vorderste Ausläufer bis auf den Anfang des reticulären Theiles der Glashaut, wo sie dann
mit den unter den Firsten des Reticulum verlaufenden zarten Gefässen, von
denen oben die Rede war, in Zusammenhang treten. Die Kerne des sub-
capillären Endothelhäutchens erscheinen bei dieser Varietät des Capillarnetzes nicht alterirt. Nur in den Fällen, wo das letztere bis an das Reticulum
der Glaslamella sich erstreckt, werden die Endothelkerne rasch spärlicher
und hören noch vor dem Ende der Capillarschicht gänzlich auf. Während
in den meisten Fällen, in welchen die besprochene Anomalie vorkam, dieselbe nur auf kurze Strecken beschränkt blieb, bisweilen aber an mehreren
Stellen der vordersten Capillarzone desselben Auges anzutreffen war, um-
fasste sie in drei Fällen den grössten Theil der gürtelförmigen Zone an der
Ora serrata und erreichte einmal (in dem Auge einer 64 jährigen Frau) eine
Breite von 3ᵐᵐ, so dass ca. 1ᵐᵐ davon vor und 2ᵐᵐ hinter der Ora serrata
zu liegen kamen. Dass wir es nicht in der That mit dem Resultat eines
pathologischen Vorganges zu thun haben, ergibt sich einmal schon aus der
relativen Häufigkeit der geringeren Grade dieser Anomalie, ferner aus dem
vollständigen Fehlen aller krankhaften Veränderungen in Aderhaut, Ciliarkörper, Netzhaut und Glaskörper, wenn wir absehen von geringen Graden
von Oedema retinae (Iwanoff), das in einigen dieser Fälle anzutreffen war,
endlich auch aus allmäligen Uebergängen, welche in einzelnen Fällen
zwischen den beiden so verschiedenen Formen der Capillarröhren und deren
Maschen zu finden waren.

Es ist kein Zweifel, dass durch die Einschaltung eines so engen Netzes
feinster Haargefässe zwischen die weiten Capillaren der vorderen Chorioi-
dealzone und die zum Theil sehr feinen Venen des Orbiculus ciliaris ein
nicht unbeträchtliches Hinderniss in den Blutstrom der Aderhaut eingeführt
wird. Wenn wir weiterhin bedenken, dass jene zarten Gefässe, zwischen der
unnachgiebigen Glashaut und den verhältnissmässig mächtigen Capillaren der
unmittelbar tieferen Lage eingeschaltet, durch einen stärkeren Füllungsgrad
der letzteren nothwendig ungünstig beeinflusst werden müssen, so scheint es
nicht unwahrscheinlich, dass in Augen, in denen die besprochene Anomalie
vorkommt, innerhalb jener feinen Capillaren leichter Circulationsstörungen
solcher Art zu Stande kommen können, welche jenen Complex von Erscheinungen, den wir als Entzündung bezeichnen, im Gefolge haben, als in anderen Augen. Da nun gerade bei jenen Entzündungsformen, die wir nach
von Graefe als Chorioiditis serosa anterior bezeichnen, und welche sich vorzugsweise durch punktförmige und flockige Glaskörpertrübung geltend machen,
der Sitz der Erkrankung in den vordersten Abschnitt der Chorioidea verlegt
werden muss, und diese Supposition durch die genaue anatomische Untersuchung eines frischen Falles, die ich anzustellen Gelegenheit hatte, und
dessen histologische Details ich in einem folgenden Artikel ausführlich aus-
einandersetzen werde, gerechtfertigt wurde, so kann ich mich der Vermuthung
nicht entschlagen, dass durch die eben beschriebene anatomische Einrichtung
eine besondere Disposition zum leichteren Auftreten dieser Erkrankung gegeben sei. Das wird umsomehr plausibel, als die gedachten Processe,
welche gerade bei schwächlichen, anämischen, zu Circulationsstörungen ge-

neigten Individuen nicht selten vorkommen, in der Mehrzahl der Fälle ohne eclatante nachweisbare äussere Veranlassung auftreten."

Die eigenthümliche Beschaffenheit der Gefässbildung im Orbiculus ciliaris und in der nächst angrenzenden Zone der Chorioidea, insbesondere die, welche Sattler in beinahe der Hälfte der darauf anatomisch untersuchten Augen gefunden hat, macht es an und für sich — abgesehen von dem Verhalten der Sklera — sehr wahrscheinlich, dass es in dieser Zone oder in einem Bezirke derselben leicht zu Stauung im Gebiete der Capillargefässe und weiterhin zur Entzündung kommen könne. Dass aber der Anstoss zu einem solchen Vorgange von dem Stamme einer oder einiger Wirbelvenen ausgehen könne, wird nach Versuchen von Leber [1]) sehr wahrscheinlich. Bei seinen Studien über den Flüssigkeitswechsel im Auge schritt er auch zur Unterbindung der Vortexvenen und berichtet über deren Folgen bezüglich unserer Frage' auf pag. 145: „Der Augendruck erfährt nach der Unterbindung der Vortexvenen eine bedeutende Steigerung, das Auge fühlt sich nach Unterbindung sämmtlicher Venen sehr hart an und es entwickelt sich nach kurzer Zeit eine enorme venöse Hyperämie der Iris und der Ciliarfortsätze und ein starkes Oedem der Bindehaut. Die Hornhaut verhielt sich aber, nachdem dieser Zustand seinen Höhepunkt erreicht hatte, nicht anders als ohne Unterbindung der Venen. Eine sehr hochgradige Steigerung des Augendruckes ist demnach im Leben nicht im Stande, Flüssigkeit durch die Hornhaut durchzupressen. Es wäre indess zu weit gegangen, wenn man auf Grund dieser Versuche das Eindringen von Humor aqueus in die Hornhaut bei glaucomatösen Processen und überhaupt bei pathologischen Zuständen ganz in Abrede stellen wollte. Eine längere Dauer der Drucksteigerung könnte anders wirken, als es sich bei der relativ kurzen Beobachtungszeit meiner Versuche herausstellte, die Hornhaut könnte Veränderungen erlitten haben, welche sie zur Filtration geeigneter machen" u. s. w.

„Ein grosser Theil der glaucomatösen Trübung der Medien ist bekanntlich bedingt durch die diffuse Trübung des Kammer-

[1]) A. f. O., XIX. b, pag. 141.

wassers und des Glaskörpers und wohl auch des Hornhaut-
epithels. Wie viel nach Abzug dieser Elemente für die Wirkung des Druckes noch übrig bleibt, dürfte ohne besondere
Untersuchung nicht zu entscheiden sein." Noch zwei andere
Beobachtungen konnten bei diesen Unterbindungen gemacht
werden:

„1. Trat nach Unterbindung dieser Venen nicht nur
eine enorm starke venöse Hyperämie der Iris und Aderhaut auf, sondern das Gewebe war auch fast gleichmässig
von rothen Blutkörperchen durchsetzt. Dieselben schienen
allenthalben in enormer Menge durch die Gefässwandungen
hindurchgetreten zu sein."

„2. Beschränkte sich die Stauung, wenn nur eine
oder einige der Wirbelvenen unterbunden waren, ganz
scharf auf den Theil der Iris und diejenigen Ciliarfortsätze, welche diesen Venen entsprachen. Besonders
am Ciliarkörper war der Unterschied zwischen den dunkelroth
und prall injicirten Fortsätzen am einen Theil des Umfanges
und dem blutleeren anderer höchst auffallend. Trotz den
zahlreichen Communicationen zwischen den Zweigen
zweier benachbarter Venae vorticosae kommt also
kurze Zeit nach der Unterbindung doch keine merkliche collaterale Ausgleichung zu Stande."

Diese Untersuchungen von Leber zeigen uns nicht nur,
dass rasche Hemmung des Blutabflusses durch die Wirbelvenen im Stande ist, den intraoculären Druck bis zu deutlich
tastbarer Härte des Bulbus zu steigern und überdies Oedem
der Conjunctiva bulbi hervorzurufen, sondern sie geben uns
auch eine Andeutung zur Erklärung einer Erscheinung bei
Glaucom, welche in Augen, die bereits in das zweite Stadium
eingetreten sind, fast constant vorkommt, mitunter jedoch
auch in glaucomatösen Augen nachweisbar ist, die (wenigstens
nach den Aussagen der Kranken) niemals äusserlich wahrnehmbare Entzündungserscheinungen dargeboten haben. Es
ist dies das Verzogensein der Pupille nach irgend einer
Richtung hin, gewöhnlich als Ovalsein der Pupille bezeichnet, beruhend auf dem Schmälersein eines aliquoten

Theiles der Iris. Der Längendurchmesser der ohngefähr ovalen Pupille streicht nicht immer horizontal, wie Beer angab, er kann auch vertical oder diagonal verlaufen.

Das Leber'sche Experiment hat bestätigt, was ich vor mehr als 30 Jahren aus Sectionsbefunden und aus klinischen Beobachtungen gefolgert hatte, dass nämlich das Schmäler- und Atrophischwerden der Iris, stellenweise oder durchaus, mit entzündlichen Veränderungen in dem vorderen Abschnitte der Chorioidea in Causalnexus stehe. Damals wurde die Kyklitis noch mit zur Chorioiditis gerechnet und die Ophthalmoskopie stand noch auf sehr schwachen Füssen. „Diese Chorioiditis[1]) ist in der Regel längst durch Stasis in den Chorioidealgefässen vorbereitet. Sie beginnt wahrscheinlich im vorderen Umfange der eigentlichen Chorioidea (am Scheitel des einen oder des anderen Gefässwirbels) als umschriebene Affection, welche zunächst zu Verwachsung der Chorioidea mit der Sklera allein oder auch mit der Netzhaut führt. Bald nach längerem Bestande einer oder mehrerer solcher partieller Affectionen, bald gleichzeitig damit erfolgt der serös-albuminöse Erguss, welcher die Netzhaut von der Aderhaut trennt und je nach seiner langsamen oder raschen Zunahme allmälige oder plötzliche Erblindung bewirkt."

Ich hatte einige Fälle von Glaucom gesehen, in welchen bei noch gutem Sehvermögen nur eine Partie der Iris schmäler und unbeweglich erschien, während der grösste Theil derselben normal aussah und auf Licht und Schatten prompt reagirte. Ich wusste, dass, wenn ein Skleralstaphylom vorhanden war, dieses in demselben Meridian lag, in welchem die Iris am schmälsten war, und gerade das Vorhandensein einer schmalen atrophischen Irispartie in irgend einem Falle führte mich mitunter erst zur Auffindung eines Lateralstaphyloms hinter derselben, welches mir sonst vielleicht entgangen sein würde. Ich hatte endlich einige Male nach der Reclination von Cataracta eine solche ungleichmässige Erweiterung der Pupille beobachtet, wenn der Erfolg der Opera-

[1]) Arlt, Krankheiten des Auges, 1853, II. Bd., pag. 182 und 190—197.

tion nicht durch nachfolgende allgemeine (ausgebreitete) Chorioiditis vereitelt wurde. „Die Iris war nach unten oder nach
unten — aussen schmäler; dabei war aber auch auf der Sklera
unmittelbar hinter dieser Irispartie intensive Röthe, selbst
leichte ödematöse Schwellung der Conjunctiva bulbi zu bemerken. Vielleicht muss mit der ungleichmässigen Erweiterung
der Pupille der an glaucomatösen Augen beobachtete Sectionsbefund in Zusammenhang gebracht werden, dass die Iris an
ihrer hinteren Fläche (stellenweise oder durchaus) mit
faserstoffigem Exsudate belegt erschien."

Da das Venenblut von der Iris nur durch den Ciliartheil
der Chorioidea zu den Vortexvenen gelangen kann, und ferner
die Unterbindung blos einer Vortexvene nur in dem vor derselben befindlichen Gebiete des Ciliarkörpers und der Iris Stauung
hervorruft, so kann die partielle Affection der Iris zunächst nur
mit dieser partiellen Stauung in ursächlichen Zusammenhang gebracht werden; wodurch aber die später an dieser umschrie-
benen Stelle der Iris mehr und mehr hervortretende Atrophie
des Irisgewebes hervorgerufen werde, bleibt vorläufig noch
fraglich. Alle Theorien, welche bisher über die Entstehung
des Glaucoms aufgestellt wurden, sind über diesen wichtigen
Punkt, die ungleichmässige Erweiterung der Pupille und
die wenigstens in der ersten Zeit auf einen Theil der
Iris beschränkte Veränderung ihres Gewebes, mit Stillschweigen
hinweggeglitten. Man hat sich bezüglich der Iris mit dem
Worte Iridoplegie begnügt und die Lähmung der Ciliarnerven
als Folge des gesteigerten Druckes hingestellt, obwohl man
sah, dass nicht nur die Affection der Iris, sondern auch die
aus derselben Quelle abgeleitete Unempfindlichkeit der Hornhaut sehr oft nur eine partielle war. Da aber die Compression durch Steigerung des intraoculären Druckes gewiss
alle Theile der Cornea und der Iris zugleich und in gleichem Grade trifft, so kann sie offenbar nicht die Ursache
sein, dass nur einzelne Partien verändert werden, andere
nicht. Ueberdies vertragen die Ciliarnerven eine hochgradige
Compression, welche pedetentim erfolgt, wahrscheinlich eben
so gut wie die Retinalnervenfasern. Hiemit soll nicht gesagt

sein, dass eine momentane heftige Druckerhöhung nicht im
Stande sei, die Function dieser Nerven für einige Zeit zu unter-
drücken. Dass die Unterdrückung der Leitungsfähigkeit der
Ciliarnerven in der Cornea durch rasche Steigerung des intraoculären Druckes bedingt sein könne, dafür spricht die rasche
Wiederkehr der Empfindlichkeit der Cornea gegen Betastung
nach der Punction oder Iridektomie. Doch könnten auch Veränderungen in der Cornea, auf welche Fuchs hingewiesen hat
— wovon später — hier im Spiele sein. Tritt aber später in
dem Gewebe, in welchem sie verlaufen, nach vorausgegangener
Entzündung desselben Atrophie ein, so verfallen auch diese
Nerven der Atrophie. Die Atrophie von Ciliarnerven in glaucomatösen Augen ist mikroskopisch sehr genau von Wedl[1])
nachgewiesen worden und Magni[2]) hat dieselbe sogar theilweise (ohngefähr zur halben Anzahl) in einem Auge vorgefunden, welches noch kleine Druckschrift lesen konnte. Da
glaucomatöse Augen oft lange nach dem Eintritte völliger Erblindung von heftigen Schmerzen gequält werden, so kann sich in
solchen Fällen die Atrophie längere Zeit hindurch wohl nur auf
einzelne Partien der Ciliarnerven erstrecken. Erst durch neue
Entzündungsherde oder Weitergreifen solcher Herde werden
endlich alle Ciliarnerven in den Atrophirungsprocess einbezogen.

Wenn wir von den Merkmalen absehen, welche uns der
Augenspiegel für die Erkenntniss des Glaucoms darbietet und
welche nur bei genügender Durchsichtigkeit der Medien, also
nicht in allen Fällen, respective nicht zu jeder Zeit verwerth-
bar sind, so ist es neben der Spannung des Augapfels, der
Füllung der vorderen Ciliargefässe und der Functionsstörung
vorzugsweise das Verhalten der Iris, welches uns auf das
Vorhandensein des glaucomatösen Processes führt.

Gleichmässige Erweiterung der Pupille, bei mässigem Grade der Entzündung mit verminderter, bei hohem mit
aufgehobener Beweglichkeit der Iris, welche dabei zugleich

[1]) Atlas der pathologischen Anatomie des Auges, Leipzig 1860, Iris-
Chorioidea V, Fig. 18.
[2]) Contribuzione allo studio del Glaucoma, estratto dai giornale la
revista clinica, Febbraio 1871, pag. 3, Fig. 1 et 2.

eine allgemeine Farbenveränderung zeigt, kommt im Vereine
mit abnormer Ciliarinjection nur bei Glaucom im Stadium
der Entzündung oder bei rasch ansteigender Stauung vor. Nur
hie und da findet man einen Fall von Kyklitis (sogenannter
Iritis serosa) mit merklicher Erweiterung der Pupille und mehr
weniger deutlicher Druckerhöhung. Man schreibt diese gleichmässige Pupillenerweiterung, die wir als Glaucommydriasis
bezeichnen wollen, allgemein der Compression der Ciliarnerven
durch die rasch erfolgte Drucksteigerung zu und bezeichnet
sie als Iridoplegie. Warum die Pupille in den meisten Fällen
beim Eintreten des entzündlichen Stadiums sich so auffallend
erweitere, ist eigentlich noch gar nicht aufgeklärt. Wir wissen,
dass mässige und nicht gar lange bestehende Glaucommydriasis
nicht nur im ersten Stadium (bei intermittirenden Anfällen),
sondern auch im zweiten Stadium (bei nicht zu stürmischem
Auftreten) durch Physostigmin (Pilocarpin) auf einige Zeit be-
hoben werden kann, und dass Atropin, auf ein glaucomatöses
Auge mit mässiger Mydriasis angewendet, diese beträchtlich
steigert und länger als in normalen Augen unterhält. Wir
wissen ferner, dass, wenn nicht etwa das Gewebe der Iris
sichtlich verändert (in Atrophirung begriffen) erscheint, die
Pupille bei der Punction der Cornea sich gleichmässig verengert, und dass in solchen Fällen nach der Iridektomie die
Iris wieder gute Reaction auf verschiedene Reize zeigt. Nach
diesen Wahrnehmungen möchte man die Ursache der Glaucommydriasis wohl eher in Störung der Circulationsverhältnisse als in der durch Druck aufgehobenen Nervenleitung zu
suchen haben.

Es lässt sich mit Wahrscheinlichkeit annehmen, dass die
Action des Sphinkters durch seröse (serös-albuminöse) Durch-
tränkung des Gewebes, respective seiner Fasern beeinträchtigt
werde, denn der Sphinkter liegt von der Stelle der Stauung
am weitesten entfernt. Durch die Einwirkung der Myotica auf
die vasomotorischen Nerven wird wahrscheinlich die Stauung
und somit auch das Oedem für einige Zeit und, wenn das
anatomische Circulationshinderniss nicht zu bedeutend ist, für
lange Zeit beseitigt.

Diese Art von Mydriasis ist eigentlich transitorisch
und nicht zu verwechseln mit der erst nach längerem Bestande
des glaucomatösen Processes auftretenden ungleichmässigen
Erweiterung, welche auf sichtbarer Geweveveränderung der
Iris beruht und jedem Myoticum Widerstand leistet. „Mitunter kommt es vor, dass man bei manifester glaucomatöser
Erblindung die Pupille weder bedeutend vergrössert, noch merklich entrundet findet. Ich habe dies auch in einigen Fällen
gesehen, wo in einem früheren Zeitraume beide Erscheinungen
deutlich ausgesprochen gewesen waren. Arlt, II. Bd., pag. 191.

Man darf auch nicht bei jedem entzündlichen Glaucomanfalle erwarten, dass die Pupille stark erweitert sein werde;
sie ist hie und da nur wenig erweitert, auch bei florider Entzündung, ohne dass man Synechien als Ursache davon auffinden
kann; die Iris erscheint dabei etwas verfärbt, gewissermassen
geschwellt oder aufgelockert, besonders im kleinen Kreise und
ganz oder nahezu starr. Ich habe diesen Zustand gleichzeitig
mit streifiger Hornhauttrübung, sehr enger Vorderkammer und
chemotischer Schwellung der Conjunctiva bulbi gesehen.

Graefe[1] behauptete, dass die Iris beim acuten Glaucom
allemal, wenngleich in verschiedenem Grade, entzündlich mit erkrankt. „Auch in Fällen, wo keine Synechien vorhanden waren,
zeigte sich das bei der Iridektomie excidirte Stück steif und infiltrirt." Schnabel[2] gibt an, er habe sich überzeugt, dass die Iris,
wie Graefe angegeben, zuweilen auffallend steif sei, fügt aber
hinzu, dass wir deshalb doch unmöglich vom Vorhandensein
einer Iritis sprechen können. Die mikroskopische Untersuchung ist auch er uns schuldig geblieben. Leider habe ich
gleichfalls keine mikroskopischen Untersuchungen vorgenommen. Die umfangreichen mikroskopischen Untersuchungen von
Michel[3] geben bezüglich des Glaucoms nur die nachfolgende
kurze Mittheilung.

„In einer Reihe von Fällen von Primärglaucom hatte ich kürzere oder
längere Zeit nach einem acuten Anfall die Iridektomie vorzunehmen; das

[1] A. f. O., III. b, pag. 478.
[2] A. f. A. und O., V. a. pag. 63.
[3] A. f. O., XXVII. b, pag. 260.

übereinstimmende Bild, welches das excidirte Irisstück darbietet, war das-
jenige einer Störung der Circulation: Extravasate, hochgradige Stauung
in den venösen Gefässen, besonders derjenigen des Sphinktertheils,
nicht selten venöse Ausbuchtungen derselben. Auch fand sich in der Gefäss-
lage der ganzen Iris eine diffuse Ansammlung von Lymphkörperchen; am
Pupillartheil ist die Hauptansammlung direct über der vorderen Fläche des
Musculus sphinkter vorhanden." — „In einem Falle von Glaucoma simplex
mit tiefer napfförmiger Excavation der Eintrittsstelle des Sehnerven, welcher
mehrere Jahre bestanden, zu vollkommner Amaurose geführt und niemals
entzündliche Erscheinungen dargeboten hatte, hatte die Untersuchung der
Iris und des vorderen Bulbusabschnittes (die Bulbi standen vollständig zu
Gebote) nur nach einer Richtung ein positives Resultat zu verzeichnen: es
waren nämlich in spärlicher Anzahl Ansammlungen von Lymphkörperchen
um die Gefässe des ciliaren Theiles vorhanden, die als Knötchen erschienen,
und zwar von ovaler oder spindelförmiger Form; sie sind als Auswan-
derungsherde anzusehen." — „Die vorliegenden Untersuchungen
berechtigen daher zur Annahme einer Circulationsstörung; erreicht dieselbe einen gewissen Grad, so werden die Auswanderungen von
weissen Blutkörperchen, selbst Blutungen eintreten können. Leicht verbindet
sich hiermit die Vorstellung, dass hierbei vasomotorische Einflüsse
massgebend sind."

Ulrich's[1]) Sectionsbefunde der Iris beziehen sich auf Stücke derselben,
welche bei der Iridektomie gewonnen wurden, nur in einem Falle auf die
Iris eines wegen Schmerzhaftigkeit enucleirten Bulbus. Hier fand er den
Sphinkter atrophisch, die Textur der Iris dichter als normal, das Bindegewebe sammt den Gefässen stark geschlängelt; die Iriswurzel glich einem
fibrösen, von Pigment durchsetzten, an der Cornea adhärenden Bindegewebs-
strange; an den Gefässen zeigte sich durchgehends ausgesprochene hyaline
Degeneration der Wand mit Verfettung des innersten Theiles des Gefäss-
rohres; eine grosse Anzahl Gefässe fand er in der äusseren Zone gänzlich
verschlossen, in der Gegend des Sphinkters die Gefässquerschnitte dilatirt.
— An den durch Iridektomie gewonnenen Stücken fand er in der inneren
Zone das Irisgewebe dichter, die Gefässe stark geschlängelt und mit Blut
gefüllt oder enorm erweitert, in der äusseren zahlreiche Gefässe hyalin entartet, andere durch Endarteriitis verschlossen.

Eine Iritis mit Synechienbildung kommt beim Eintreten
des entzündlichen Stadiums wohl nur ganz ausnahmsweise vor;
Synechien erfolgen, wenn überhaupt, meistens erst bei wiederholten entzündlichen Nachschüben. Es steht das ganz im Einklange mit der auch in den übrigen Theilen des Uvealtractus
bei Glaucom beobachteten Thatsache, dass das Exsudat arm
an plastischen Elementen ist und dass man meistens erst nach
wiederholten Entzündungsanfällen festes Exsudat an der Innen-

fläche des Corpus ciliare vorfindet. Das Aussehen eines Auges, welches an Kyklitis mit Pupillenerweiterung leidet und, wie schon erwähnt wurde, öfters auch eine merkbar erhöhte Spannung zeigt, unterscheidet sich von dem eines Auges in einem entzündlichen Glaucomanfalle, wenn nicht schon durch eine und die andere Synechie, so entschieden durch einen gleichmässigen, gewöhnlich aber durch einen punktirten Beschlag der Membr. Descemeti, welchem mehr weniger Pigment beigemengt ist, also durch entschieden faserstoffiges, gerinnbares Exsudat.

Es ist sehr wahrscheinlich, dass an der Trübung, welche das Sehen von Regenbogenfarben verursacht, auch eine Veränderung des Inhaltes der vorderen Kammer einen Antheil hat. Wenn man glaucomatöse Augen zur Zeit des entzündlichen Anfalles mit freiem Auge betrachtet, so bekommt man sehr oft den Eindruck, als ob Tusch im Kammerwasser suspendirt wäre; in manchen Fällen sieht es aus, als ob eine bräunliche Wolke vor der Pupille schwebe. Untersucht man bei seitlicher Beleuchtung, so erhält man — falls nicht etwa graue oder gelblichgraue Streifen in der Cornea vorhanden sind — den Eindruck, dass die Cornea an der concentrirt beleuchteten Stelle mehr als gewöhnlich Licht zurückwerfe, also trübe sei. Das berechtigt noch nicht unbedingt zu dem Schlusse, dass das Licht direct von der Cornea komme; es kann auch von einem Gegenstande kommen, welcher sich unmittelbar hinter der kaum 1 mm. dicken Hornhaut befindet. Es kann auch dem schärfsten und geübtesten Beobachter passiren, dass er etwas, was Licht zurückwirft, dem Sitze nach in die Cornea verlegt, während die nachfolgende Punction über dessen Sitz in der Vorderkammer keinen Zweifel übrig lässt. Einen schlagenden Beleg für solche Täuschung selbst bei wiederholter und sorgfältiger Untersuchung (mit allen möglichen Hilfsmitteln) hat mir ein Fall mit Ansammlung von Cholestearinkrystallen in der vorderen Kammer gegeben, gegen deren angeblichen Sitz in der Cornea ich nichts Anderes einzuwenden vermochte, als dass ich Cholestearinbildung in der Cornealsubstanz überhaupt niemals beobachtet habe; nach der Punction erwies

sich die Cornea, deren Glanz nicht gelitten hatte, vollkommen frei.

In jenen Fällen, in welchen bei der Punction eines
glaucomatösen Auges die Trübung sozusagen augenblicklich
— mit dem Kammerwasserabfluss — verschwindet, hat die
Trübung ihren Grund höchst wahrscheinlich in der Veränderung des Kammerwassers. Mauthner[1] erwähnt eines Falles
von Glaucom „mit colossaler Kammerwassertrübung, die nach
dem Einstiche (behufs Iridektomie) augenblicklich und für
immer verschwand". Fuchs[2] hat in dem abgezapften Kammerwasser, und zwar in frischen enucleirten Augen entschieden
vermehrten Eiweissgehalt nachgewiesen. Es ist ganz irre-
levant, ob das abgezapfte Kammerwasser, wie Graefe angegeben, trübe gefunden wird oder nicht. Man kann, wenn
man gerade will, immer sagen, das Kammerwasser sei kaum
ohne Beimengung von Bindehautsecret oder Blut aufzufangen.
Schnabel,[3] ein entschiedener Gegner der Graefe'schen
Entzündungstheorie, gibt an, er habe sich ebensowenig wie
Schweigger jemals von der Kammerwassertrübung überzeugen können, müsse jedoch bemerken, dass er zu wiederholten Malen die Pupille in der That gleich nach Abfluss des Kammerwassers ganz entschieden klar
werden sah. Eine Trübung, durch Flüssigkeit in der Cornea
bedingt, kann wohl nicht augenblicklich verschwinden. Wenn
ferner Beobachter wie Graefe ganz bestimmt angeben, die
Trübung des Kammerwassers und der Beschlag der
hinteren Hornhautfläche bilden neben der Mydriasis und
der gelben Linse den Hauptfactor für die glaucomatöse Farbe
der Pupille, wenn Residuen eines solchen Beschlages — nach
abgelaufener Entzündung — nicht nur während des Lebens,
sondern auch im Cadaver (wie in meinen publicirten Beobachtungen) nachgewiesen sind, so kann der Behauptung eines Einzelnen, dass ihm ein solcher Beschlag noch nicht zu Gesichte

[1] A. f. A. und O., VII. b, pag. 161
[2] A. f. O., XXVII. c, pag. 79.
[3] A. f. A. und O., V. a, pag. 63.

gekommen sei, mindestens keine Beweiskraft für das Intact-
sein des Kammerinhaltes beigelegt werden.

Bezüglich der Beurtheilung der brechenden Medien, namentlich des Kammerwassers und des Glaskörpers rücksichtlich ihrer Durchsichtigkeit, hat sich Graefe[1] sehr treffend
ausgesprochen. „Ist unter Einfluss einer rasch auftretenden
und mächtig auf das Gefässsystem einwirkenden Ursache der
Austritt zelliger Elemente in die Augenflüssigkeiten ein massen-
hafter, so entsteht dadurch eine für unser Auge erkennbare
Trübung, während bei einer spärlichen Beimischung, unter
langsamer Einwirkung und geringerer Intensität der Ursache,
die Klarheit der Medien nicht in sichtbarer Weise zu leiden
braucht." — Ich habe wohl nicht nöthig zu wiederholen,
dass man die Veränderung des Kammerwassers nicht gerade
von einem Entzündungsprocesse in der Iris selbst abzuleiten
genöthigt ist; sie kann auch von den Ciliarfortsätzen, der
Quelle des Kammerwassers, ausgehen, wie wir in manchen
Fällen von Kyklitis ganz deutlich sehen.

Dass neben dieser Veränderung in der Kammer auch die
Durchsichtigkeit der Cornea selbst leiden könne und, wie wir
später sehen werden, gewöhnlich mitleidet — oder auch allein
— ist, wie wir später zeigen werden, unzweifelhaft. Die Cornealtrübung im Degenerationsstadium bietet ganz andere Merkmale dar und ist bleibend, daher von der eben erwähnten
verschieden.

Die ungleichmässige Erweiterung der Pupille, die
Ausbuchtung derselben nach einer oder der anderen Richtung,
gewöhnlich als ovale Form bezeichnet, ist durch Veränderung
des Gewebes der Iris, schliesslich durch förmliche Atrophie
bedingt und kommt erst nach längerem Bestande des glaucomatösen Processes vor, am häufigsten nach wiederholten entzündlichen Anfällen, aber auch manchmal nach längerem Bestande des ersten Stadiums; bei entzündlichen Anfällen in
Augen, welche vor dem ersten Entzündungsanfalle wenig oder
nur kurze Zeit gelitten haben, wird sie vermisst.

[1] A. f. O., XV. c, pag. 198.

An der schmäleren Partie der Iris kann man zunächst
den Unterschied zwischen dem grossen und kleinen Kreise
nicht mehr deutlich wahrnehmen. Die Farbe dieser Partie
fängt an, meistens vom Ciliarrande her, verändert zu werden,
erst ins Schiefer- oder Bleigraue, dann schwindet der faserige
Bau, die entfärbte Stelle wird glatt und endlich bis zum
Durchscheinen dünn. In dem Masse, als diese Parenchym-
veränderung und Verschmälerung der betreffenden Partie fortschreitet, erscheint dann der Pigmentsaum des Pupillarrandes
breiter, gleichsam nach vorn umstülpt, hie und da rissig, zackig.
Erst lange Zeit nach dem Entzündungsanfalle, gewöhnlich erst
nach wiederholten Anfällen wird die Iris ringsum oder grösstentheils schmäler, stellenweise so beträchtlich, dass man zwischen
dem Rande der Linse und den Ciliarfortsätzen, welche gleichfalls atrophisch geworden, in die Tiefe blicken, respective aus
diesem Zwischenraume mittelst des Augenspiegels rothes Licht
erhalten kann. In dem relativ gut erhaltenen Theile der Iris
sieht man manchmal, nachdem jede Spur von Bewegung verschwunden, erweiterte dunkelrothe Gefässe entwickelt. In
manchen Fällen ist ein relativ breit gebliebener Theil der Iris
durch Synechien an die Kapsel angelöthet. Verschieden von
den schiefer- oder bleigrauen Stellen der Iris nicht nur im
Aussehen, sondern auch in ihrer Bedeutung, sind dunkelbraune Punkte in der Iris, welche zum glaucomatösen Processe meistens in keiner Beziehung stehen dürften, da solche
Punkte von ganz gleichem Aussehen überhaupt in der Iris
älterer Personen nicht selten eingesprengt vorkommen; sie
deuten weder auf Entzündung noch auf Atrophie des Gewebes
der Iris.

Die in Rede stehende partielle Veränderung der Iris
wird mitunter schon während des ersten Stadiums — deutlich
oder angedeutet — vorgefunden. Wenn sie während eines
entzündlichen Anfalles vorhanden ist, darf man, falls die Anam-
nesis es nicht sicherstellt, annehmen, dass sie schon vor dem
Anfalle bestanden habe. Denn sie entsteht auch nach heftigen
Anfällen erst in einigen Wochen oder Monaten. Ich habe
auch mehrmal an iridektomirten Glaucomaugen erst nachträg-

lich schiefergraue Stellen an der Iris auftreten gesehen, ohne
dass ein frischer Anfall von Entzündung nachgekommen war;
sie können also unvermerkt vorbereitet sein. Wird die Excision der Iris an einer Stelle vorgenommen, welche die in
Rede stehende Veränderung deutlich zeigt oder doch vermuthen lässt, so nützt die Iridektomie nichts; man muss immer
eine möglichst gut conservirte Partie der Iris zur Excision
wählen; Einträufelung von Pilocarpin kann zur Eruirung günstiger Partien für die Excision sehr nützlich sein. Findet man
das excidirte Stück Iris sehr dünn und mürbe, so ist von dem
Erfolge der Operation wenig oder nichts zu erwarten.

Ein sehr seltener und noch nicht hinreichend aufgeklärter
Befund ist der, dass man bei der Iridektomie — meine Beobachtungen beziehen sich nur auf die Iridektomie in der oberen
Hälfte — unmittelbar nach der Excision im peripheren Drittel
der Lücke einen weissen Streifen sieht, ein membranähn-
liches Gebilde, welches den Rand der Linse und die Zonula
bedeckt, von welchem jedoch nur der centrale, scharf begrenzte
Rand sichtbar ist. Schnabel[1]) ist meines Wissens der erste

---

[1]) A. f. A. und O., VII. a, pag. 113. „Einmal begegnete ich in der
hinteren Kammer einem pathologischen Gebilde, welches mit dem glaucomatösen Processe vielleicht in einem wichtigen Zusammenhange steht. Ich
operirte einen 71jährigen Mann wegen Glaucoma simplex beider Augen.
Die Spannung war sehr erhöht. Die Sehschärfe war rechts durch vorbe-
standene Chorioiditis bei Staphyloma posticum fast null geworden. Bei der
Iridektomie stürzte mit und hinter der Iris eine grauliche Masse vor, welche
die grösste Aehnlichkeit mit einem Klümpchen halbgetrübter Rindensubstanz
hatte. Diese Masse war zwei- bis dreimal dicker als das ausgeschnittene Irisstück
und hatte eine ebenso grosse Fläche wie dieses; sie hing mit der Iris nicht
zusammen, sondern lagerte der Uvea einfach an. Vor der Operation waren
die vordere Kammer, die Iris, die Pupillenbewegung so beschaffen, dass
sie mir keinen Verdacht nach irgend einer Richtung erweckten; auch nach
der Operation bot das Auge keine Abweichung von der normalen Erscheinung eines iridektomirten Auges. Unter dem Mikroskope erschien die dünne,
weissgefärbte Masse von zarten, gestreckt oder gewunden verlaufenden Binde-
gewebsfibrillen durchsetzt, welchen elastische Fasern in geringer Menge bei-
gemischt waren. Sie war von ziemlich zahlreichen grösseren und kleineren,
mit rothen Blutkörperchen gefüllten Gefässen durchzogen, welchen zunächst
in reichlicher Menge fibrilläres Bindegewebe, durchsetzt von Zellen, sich
angehäuft fand. Stellenweise fanden sich kleine rundliche, braune Pigment-
körperchen oberflächlich aufgelagert. Das ausgeschnittene Irisstück war

Beobachter, welcher eines ähnlichen Befundes erwähnt. So
viel ich mich erinnere, war von diesem Streifen nach been-
deter Wundheilung nichts mehr zu sehen; er scheint gegen die
Peripherie zurückgewichen zu sein. Ob die in meinen Sectionsbefunden angegebenen weissgrauen Exsudate an der hinteren Fläche der Iris auch schon früher vorkommen — in
beiden Fällen war es bereits zu Netzhautabhebung gekommen —
vermag ich nicht zu entscheiden.

Die Lageveränderung der Iris nach vorn geht
Hand in Hand mit der gleichnamigen Verschiebung der Linse.
Allmälig pflegt dabei auch der vordere Iriswinkel (die
Kammerbucht) verloren zu gehen. Auf diese Veränderung bei
Glaucom hat Knies[1]) zuerst unsere Aufmerksamkeit gelenkt;
für Fälle chronischer Iritis hatte ich dieselbe bereits in meinem
Handbuche, II. Bd., pag. 46, beschrieben. Auch H. Müller war
dieselbe (bei Glaucom) nicht entgangen. Knies bezeichnete
sie als Obliteration des sogenannten Fontana'schen Raumes
und meinte in ihr die Ursache der Drucksteigerung gefunden

---

dünner als normal, sonst aber liess es keine Veränderung erkennen. Als ich
nachträglich das aus dem linken Auge (welches 6/9 Sehschärfe dargeboten
hatte) ausgeschnittene Irisstück ausbreitete und genauer untersuchte, fand ich
auch hier der Uvea leicht anklebend eine pathologische Membran von
weit geringerer Mächtigkeit als rechts, deren Hauptmasse aus endothelialen
Zellen bestand, wie sie Professor Schott bei der mikroskopischen Untersuchung rechts gefunden hatte. Blutgefässe fanden sich hier nicht. — Professor Jäger theilte mir mit, dass er von einem ähnlichen Vorkommen bei
drei Glaucomiridektomien überrascht worden sei. Auch Dr. Kerzendorfer
hat einen ähnlichen Fall beobachtet."

Ich glaube dasselbe oder Aehnliches wie Schnabel einige Male gesehen zu haben; noch in jüngster Zeit lag nach der Iridektomie wegen
subacuten entzündlichen Glaucoms, als ich die Wundränder adaptiren wollte,
eine hyaline gelbliche Masse, die man für Corticalis der Linse halten konnte,
in und vor der Wunde und liess sich mit dem Deviel'schen Löffel vollständig
abstreifen. Dass ich weder Linsen- noch Glaskörpertheile vor mir hatte, ist
unzweifelhaft. Der Bulbus fühlte sich unmittelbar nach der Operation noch
ungewöhnlich hart an und die Linse zeigte nach 14 Tagen nicht die Spur
einer Trübung. Glaskörpervorfall („Einlagerung von Glaskörper in die Wunde
trotz regulär ausgeführter peripherer Iridektomie"), von welchem Jacobson
(A. f. O., XXX. a, pag. 194) spricht, habe ich nicht beobachtet. Ich halte
die gelbliche hyaline Masse für Exsudat in der Kammer.

[1]) A. f. O., XXII. c, pag. 163.

zu haben. Es wurde aber bald nachgewiesen, dass Glau
com auch ohne anatomische Veränderung in und um den
Fontana'schen Raum vorkommt und dass die vorgefundenen
Veränderungen vielmehr als Folge des glaucomatösen Processes aufzufassen sind. Der Umstand, dass die Obliteration
zumeist ringsum gleichmässig stattfindet, spricht für deren
Zustandekommen durch Compression; ob die Einwanderung
zelliger Elemente vom Ciliarkörper mit im Spiele sei, so dass
man an primäre Verklebung zwischen Iriswurzel und Corneo-
skleralrand zu denken hätte, bleibt dahingestellt. Die Ver-
ödung der Kammerbucht lässt sich oft schon während des
Lebens erkennen; sie tritt namentlich an der temporalen und
nasalen Seite deutlich zu Tage, was vielleicht mit anatomischen
Verhältnissen — den hinteren langen Ciliararterien — in Verbindung zu bringen sein dürfte. Jedenfalls darf bei Schlüssen
auf die Ursache der Lageveränderung der Iris bei Glaucom
nie ausser Acht gelassen werden, dass die Iris stets nur gleichzeitig und gleichmässig mit der Linse nach vorn rückt; die
Kammerbucht kann (nach Iridokyklitis) ringsum vollständig
verödet sein, ohne dass die Linse nach vorn gerückt ist, wie
wir aus dem Rückwärtsgezogensein des mit der Kapsel ver-
lötheten Pupillarrandes in solchen Fällen ersehen.

Von hoher Bedeutung in nosogenetischer Beziehung ist
das Verhalten der vorderen Ciliargefässe, namentlich
der Venen. Der Ausbruch der Entzündung, sowie jede Verschärfung bringt stärkere Injection der vorderen Ciliararterien in Form eines mehr weniger breiten und intensiven
rothen Hofes um die Cornea mit sich. Auch die arteriellen
Zweige zeigen dabei durchschnittlich eine dunklere Färbung.
Besonders aber ist es das Verhalten der Venen, welches die
Aufmerksamkeit des Beobachters während und nach dem entzündlichen Anfalle fesselt. Die stärkere Füllung der episkleralen
Venen und Arterien gibt der zonenförmigen Röthe einen eigenthümlich dunklen Ton. Ist der Limbus conjunctivae vermöge
höheren Alters bereits rigider geworden, so bleibt er von der
Injection des episkleralen Bindegewebes frei und erscheint als
lichtgrauer Ring auf dem Rande der Cornea (Beer's Annulus

arthriticus). Dieser graue Reifen ist verschieden von Sichel's cercle veineux.[1] Wenn nämlich der entzündliche Anfall und mit ihm die arterielle Injection vorübergegangen ist, sieht man bald früher, bald später unter der schmutziggelb tingirten, hie und da noch von erweiterten Venen durchzogenen Bindehaut aus der Gegend eines Musculus rectus, zumeist des internus oder externus, eine auffallend erweiterte dunkelrothe Vene (oder einige) auftauchen, welche, wenn wir sie in ihrem Verlaufe gegen den Hornhautrand hin verfolgen, diesen nicht erreicht, sondern 1—1·5ᵐᵐ vor demselben nach der einen oder der anderen Richtung umbiegt und längs des Hornhautrandes einen Bogen beschreibend fortläuft. Manchmal spaltet sich eine solche Vene, anstatt einfach umzubiegen, in zwei divergirende Aeste, deren jeder längs des Hornhautrandes fortläuft. Ein förmlicher Zirkel um die Cornea pflegt zu Stande zu kommen, wenn z. B. eine an der Nasen- und eine an der Schläfenseite auftretende Vene sich in einen auf- und in einen absteigenden Ast spaltet und diese Aeste oben und unten mit einander in Verbindung treten. Die Zweige, welche zu diesen Aesten zusammentreten, sind schon an der Stelle, wo sie aus der Sklera hervortreten, auffallend dick. Oft tauchen sie so nahe am Hornhautrande auf, dass es aussieht, als kämen sie aus dem Schlemm'schen Canale.

Diese Gefässerweiterung pflegt umsomehr ausgeprägt hervorzutreten, je mehr sich das Auge dem degenerativen Stadium nähert. In diesem — um es gleich anticipando zu erwähnen — sieht man mitunter auch in der Hornhautsubstanz, unweit von dem unteren Rande, ein gabelförmig gespaltenes dunkelrothes Gefäss entwickelt, dessen Aeste nach innen — oben und aussen oben verlaufen. In manchen Fällen erfolgt, auch ohne dass man Gefässentwicklung in der Hornhautsubstanz sieht, Bluterguss in der vorderen Kammer. Der Entwicklung ausgedehnter Venen in einer relativ breit gebliebenen Partie der Iris wurde schon oben erwähnt.

---

[1] Ann. d'ocul., T. V, pag. 183.

Die Entwicklung dieser Venen, welche Beer —
conform der Anschauung über das causale Moment des Glaucoms — Vasa abdominalia benannte, wurde bereits von Sichel
als Folge der Chorioidealveränderungen aufgefasst und von mir als
Collateralkreislauf dargestellt. „Die stärkere Entwicklung
der Venen tritt erst dann auf, wenn der Rückfluss des Blutes
durch die hinteren Ciliarvenen vermöge des Druckes behindert
ist" (II. Bd., pag. 174). Erst in neuerer Zeit hat sich Leber [1]
dagegen erklärt, dass die Erweiterung der vorderen Ciliarvenen als collaterale Erscheinung wegen gehemmten Abflusses
durch die Vortexvenen anzusehen sei. „Die starke Ausdehnung
der auf der Sklera sichtbaren Stämmchen der vorderen Ciliarvenen bei dem chronisch entzündlichen Glaucom kann nicht
nach der gewöhnlich verbreiteten Ansicht durch collateral ver-
stärkten Zufluss in Folge von Compression der Venae vorticosae erklärt werden. Sie fehlt überdies bei dem Glaucoma
simplex trotz der Drucksteigerung und kann auch, wenigstens
in gewissem Grade, bei chronischen Entzündungen des Uvealtractus ohne Drucksteigerung vorkommen. Es ist demnach
wahrscheinlicher, dass es sich um bleibend gewordene Ausdehnung dieser Venen nach häufig wiederholter und lange
dauernder entzündlicher Hyperämie handelt." Ich habe darauf
nur zu erwidern, dass man diese starke Erweiterung der vorderen Ciliarvenen auch an Augen sieht, in welchen sich ein
Sarcoma chorioideae entwickelt, auf dessen Gegenwart der
Kranke durch gar nichts als durch die Sehstörung (entsprechenden Ausfall im Gesichtsfelde) aufmerksam gemacht wurde.
Diese erweiterten Gefässe erscheinen anfangs nur in dem
Meridiane, in welchem hinter der Iris das Sarcom sitzt, und
treten erst bei weiterer Ausbreitung des Sarcoms in einem
grösseren Bezirke oder ringsherum auf. In manchen Fällen,
wenn die Krankheit noch nicht weit vorgeschritten ist und
die Neubildung z. B. an der nasalen Wandung des Bulbus
sitzt, sieht man zwei bis drei sehr auffällig dicke Venen knapp
am Hornhautrande, gleichsam aus dem Schlemm'schen Canal

[1] Graefe und Sämisch, Handbuch, II, pag. 356.

hervortreten und gegen die Peripherie verlaufen, ohne dass
die Sklera oder das episklerale Bindegewebe an dieser oder
an einer anderen Stelle eine Spur von Abnormität zeigt. —
Nebenbei sei hier noch erwähnt, dass stärkere Entwicklung
von Ciliarvenen — allerdings sehr selten — auch an Augen
vorkommt, welche keine Spur von vorausgegangener oder noch
bestehender Erkrankung darbieten. Wahrscheinlich ist diese
Anomalie angeboren. Schliesslich ist gegen Leber's Anschauung noch hervorzuheben, dass stärkere Entwicklung der
Ciliarvenen bei Glaucom nicht immer erst nach längerem Bestande des zweiten Stadiums auffällt, sondern schon in der
ersten Zeit desselben und mitunter auch schon im ersten Stadium (bei Glaucoma simplex) vorkommt.

Was die Trübung des Glaskörpers betrifft, von welcher zuerst Graefe[1]) gesprochen hat, und zwar mit einer
Bestimmtheit und mit einer so weit auf Einzelnheiten eingehen-
den Schilderung, dass man kaum an einen Fehler in der
Beobachtung, an eine Täuschung durch Hornhauttrübung —
wie man ihm entgegengehalten hat — denken konnte, so meine
ich dieselbe gleichfalls wiederholt und bestimmt gesehen zu
haben. Da indess Schweigger und viele Andere behaupten,
eine Glaskörpertrübung als Begleit- oder Folgeerscheinung des
glaucomatösen Processes niemals gesehen zu haben, weder
diffus, noch irgendwie geformt, so bleibt nichts übrig, als diese
Frage vorläufig in suspenso zu lassen. Für diejenigen, welche
für den glaucomatösen Process überhaupt keinen entzündlichen
Vorgang im Uvealtractus gelten lassen wollten, haben auch
die anatomischen Untersuchungen von Sattler[2]) keine zwin-
gende Bedeutung gehabt, die Einwanderung zelliger Elemente
aus dem vorderen Abschnitte des Uvealtractus in den Glaskörper zuzugeben; wir werden aber bei Besprechung des dritten
Stadiums sehen, dass die Sectionsbefunde glaucomatöser Augen
mit Netzhautabhebung, insbesondere die klassischen mikroskopischen Untersuchungen von H. Müller, durchaus nicht

---

[1]) A. f. O., III. b, pag. 479.
[2]) Anzeiger der Gesellschaft der Aerzte in Wien, 1875, Nr. 8, pag. 39.

anders gedeutet werden können, als wenn man zugesteht, dass
diesem Befunde ein Zustand vorausgegangen sein muss, welcher
mit Einwanderung zelliger Elemente in den Glaskörper, also
auch mit mehr weniger deutlicher Trübung des Glaskörpers
einherging.

An der Hornhaut treten während des entzündlichen Anfalles zwei Veränderungen auf, welche nach demselben wieder
verschwinden, bei öfterer Wiederkehr und nach heftigeren
Anfällen aber persistiren: Trübung mit vermindertem Glanze
und theilweise oder allgemeine Unempfindlichkeit gegen
Berührung (mit einem feinen nassen Pinsel oder Federbarte).
Nach der Schilderung von Fuchs, [1] welche mit meinen Wahrnehmungen am meisten übereinstimmt, verhält sie sich folgen-
dermassen. „In Fällen von Drucksteigerung findet man eine
eigenthümliche Trübung der Hornhaut gleichzeitig mit Verlust
des Glanzes derselben, welche von der durch Entzündung bedingten Hornhauttrübung wesentlich verschieden ist. Sie ist
direct von der Drucksteigerung abhängig, was sich am leich-
testen im Prodromalstadium des Glaucoms constatiren lässt.
Zu dieser Zeit ist die Drucksteigerung noch nicht dauernd
etablirt, sondern tritt nur zeitweilig, anfallsweise auf. Wenn
man das Auge während eines solchen Anfalles, der sich dem
Kranken durch Umnebelung und Sehen von Regenbogenfarben
um das Licht kundgibt, untersucht, findet man die noch vor
wenigen Stunden klare und glänzende Hornhaut matt, glanz-
los und von einer zarten Trübung wie angehaucht. In den
intensiveren Fällen erscheint die Trübung rauchig, von einer
schmutziggrauen, zuweilen sogar ins Bräunliche spielenden
Farbe. Stets ist die Trübung in der Mitte der Hornhaut am
intensivsten, wovon man sich bei den geringeren Graden der
Trübung im durchfallenden Lichte, mittelst des Augenspiegels,
überzeugen kann. Im Gegensatze zu den Verhältnissen, welche
man bei beginnender interstitieller Keratitis findet, lässt sich
diese Trübung mit der Loupe in der Regel [2] nicht in ein-

---

[1] A. f. O., XXVII. c, pag. 66.

[2] In heftigen entzündlichen Anfällen sieht man die Cornea nicht nur
trüb und matt, sondern auch meistens in der mittleren Region gestrichelt

zelne Flecken oder Streifen auflösen, sondern behält auch da
ihr gleichmässiges Aussehen bei. Zuweilen entdeckt man oft
mitten in den am stärksten getrübten Partien einzelne Flecken
oder Streifen, welche vollkommen klar sind, gerade so, wie
wenn man auf einer angehauchten Fensterscheibe mit dem
Finger Punkte oder Striche zeichnete. Es ist für diese Trübung
charakteristisch, dass sie, falls noch nicht anderweitige Veränderungen in der Hornhaut eingeleitet sind, bei Herabsetzung
des intraoculären Druckes in kürzester Zeit, zuweilen binnen
weniger als einer Stunde, verschwindet, ohne die geringste
Spur zu hinterlassen."

Durch die mikroskopische Untersuchung hat Fuchs den
Nachweis geliefert, dass die Veränderungen im Hornhaut-
parenchyme sich kurz als Oedem der Hornhaut bezeichnen
lassen. „Die Regel ist, dass das Oedem nach vorne hin zunimmt; überdies findet sich auch Oedemflüssigkeit zwischen
den vorderen Hornhautlamellen und der Bowman'schen Membran angesammelt." Diese Membran wird in ödematösen Horn-
häuten von sehr feinen dunklen Linien in der Richtung von vorn
nach hinten durchsetzt; dieselben sind nichts Anderes als die
Nerven, welche durch die Bowman'sche Membran hindurch-
treten, um sich zum Epithel zu begeben." An diese Erscheinungen schliessen sich sehr auffallende Veränderungen im
vorderen Epithel an. Die Oberfläche des Epithels ist gewöhnlich vollkommen glatt, so dass von einem Ausfallen einzelner Epithelzellen, worauf man das matte Aussehen der Hornhaut zurückführen wollte, keine Rede ist. Die Veränderungen
bestehen vielmehr darin, dass man zunächst in der tiefsten
Schicht des Epithels kleinste Tröpfchen findet, welche zumeist
unmittelbar über der Bowman'schen Membran zwischen den
Füssen der Basalzellen sitzen. Es besteht nun ein bestimmtes
Verhältniss zwischen den Nervencanälchen in der Bowman-
schen Membran und den Tröpfchen in der Weise, dass letztere

(streifig getrübt) und diese Trübung ist noch lange, nachdem sich die Peripherie der Cornea schon aufgehellt hat, wahrzunehmen, geht endlich nach
wiederholten Anfällen gar nicht mehr zurück. Die weiteren Veränderungen
folgen bei Beschreibung des degenerativen Stadiums.

vorzüglich am vorderen Ende der Nervencanälchen sitzen, so
dass offenbar die Flüssigkeit durch die Canälchen unter das
Epithel getreten ist. Fast in jeder derartig veränderten Hornhaut finden sich Stellen, wo die Flüssigkeitsansammlung einen
so hohen Grad erreicht hat, dass das Epithel dadurch in Form
kleinster Hügel oder Bläschen abgehoben wird." — Die in
Rede stehende Flüssigkeit bezeichnet Fuchs als eiweisshaltig.
Er meint, sie stamme aus der in solchen Fällen gleichfalls
stark eiweisshaltigen vorderen Kammer. Ihr Eindringen in
die Hornhaut werde beim Bestehen hohen Binnendruckes durch
Veränderung des Epithels der Descemet'schen Membran (Breiterwerden der Kittleisten zwischen den Endothelien) ermöglicht.
Gegen diese Deutung lässt sich viel einwenden. Mir ist es
wahrscheinlicher, dass dieses in den vorderen (oberflächlichen)
Lagen der Hornhaut auftretende Oedem zu dem Randschlingen-
Gefässnetze der Cornea in causaler Beziehung stehe, dass es
als Provenienz aus diesen Gefässen aufzufassen sei. Ist der
Rückfluss des Blutes aus diesem Gefässbezirke erschwert, dann
muss das davon abhängige Oedem zuerst und am stärksten
in dem davon am weitesten entfernten Gebiete, also in der
Mitte der Cornea auftreten. Auch die Bildung grauer Streifen
und die späteren Veränderungen an und in der Bowman'schen
Membran, welche unter III. zur Sprache kommen werden,
lassen sich erklären, wenn man annimmt, dass es in der Cornea
so gut wie im Glaskörper anfangs nur zur Transsudation, später
aber zur Ausscheidung zelliger Elemente aus dem Randschlingennetze der Cornea komme.

Was die theilweise oder allgemeine Unempfindlichkeit der Cornea bei und nach dem entzündlichen Glaucomanfalle betrifft, so meint Fuchs, die Herabsetzung oder gänzliche Aufhebung der Sensibilität könne dadurch bewirkt
werden, dass die Nervenfasern innerhalb der genannten Canälchen in der Bowman'schen Membran, von einer ungewöhn-
lichen Flüssigkeitsmenge umspült und durchtränkt, von derselben gedrückt und gelähmt, und an Stellen, wo es zu
bläschenförmiger Abhebung des Epithels kommt, sogar ganz
abgerissen werden können. Diese Deutung kann, wenn über-

haupt, auch dann richtig sein, wenn die Quelle des Oedems
nicht in das Kammerwasser, sondern in das Randschlingennetz
der Hornhaut verlegt wird. Da die Nerven, welche die Cornea
versorgen, grösstentheils aus dem reichen, mit Ganglienzellen
versehenen Plexus stammen, welcher im Ciliarmuskel liegt
(nur wenige der Cornealnerven kommen von der Conjunctiva
her), so könnte man den Grund der Unempfindlichkeit auch
in dem raschen Ansteigen des intraoculären Druckes annehmen.
Doch hat diese Deutung kaum etwas für sich, schon deshalb,
weil die Unempfindlichkeit manchmal partiell auftritt, und
weil solche theilweise oder allgemeine Unempfindlichkeit der
Cornea auch bei Keratitis interstitialis selbst mit verminderter
Spannung des Bulbus beobachtet werden kann.

Der glaucomatöse Hof um die Eintrittsstelle des Sehnerven wurde bereits auf pag. 54 als Folge der Drucksteigerung bezeichnet. Er bildet in der Regel bei der ophthalmoskopischen Untersuchung einen blassgelben Reifen um die Sehnervenscheibe, dessen centraler Rand durchaus scharf begrenzt
ist, während der periphere meistens etwas verwaschen aussieht und sich in manchen Fällen von dem centralen stellenweise mehr entfernt, so dass der Reifen hie und da schmäler,
hie und da — besonders an der temporalen Seite — breiter
erscheint. In manchen Fällen ist er nicht geschlossen, sondern
nach innen oder innen — oben offen, und die beiden Enden
erscheinen nicht abgestutzt, sondern spitz auslaufend. Ed. v.
Jäger,[1] dessen naturgetreue Abbildungen die hier obwalten-
den Verhältnisse in unübertroffener Weise zur Anschauung
bringen, hebt auch ausdrücklich hervor, dass dieser Reifen
nächst des centralen Randes gleichmässig weissgelb, daher
stark leuchtend, gegen die Peripherie hin aber mehr gelb-
röthlich, mehr und mehr gekörnt (wie der übrige Augengrund)
und mitunter auch etwas pigmentirt erscheint. So heisst es
z. B. pag. 84:

„Dieser den Sehnervenquerschnitt ringförmig umgebende lichte Hof
hat nicht allenthalben die gleiche Breite, welche von ½ bis etwas über
einen ganzen Opticusquerdurchmesser variirt und am grössten gegen die

[1] Ophthalmoskopischer Handatlas, Wien 1869, Fig. 52—60.

Macula lutea hin ist. Seine dem Centrum zugekehrte Peripherie ist durch den Sehnervenrand scharf markirt; seine äussere besitzt keine scharfe Grenzlinie. In seiner Fläche zum grösseren Theile nahezu gleichmässig gelblich gefärbt, zeigt er allenthalben eine äusserst zarte, ganz schwach röthliche Körnung, sowie eine undeutliche längliche Fleckung von eben solcher Farbe; in seiner äusseren Peripherie nimmt die Körnung zu, ebenso wird auch die Färbung intensiver und geht allmälig in den normalen Farbenton des Augengrundes über."

Schon aus diesen Merkmalen lässt sich vermuthen, dass dieser Erscheinung eine mechanisch wirkende Ursache zu Grunde liege, nämlich Dehnung der Verbindung zwischen Lamina cribrosa und Chorioidea, welche zu Verdünnung und Atrophirung der angrenzenden Partie der Chorioidea führt, in analoger Weise wie bei Myopie in Folge von Verlängerung der sagittalen Glaskörperachse. Während bei Myopie die mit dem Skleralrande und der Lamina cribrosa verbundene Chorioidea gegen die am meisten zurückgewichene Partie der Bulbuswand (in der Regel den hinteren Pol) hingezogen wird, so dass sich an die Sehnervenscheibe eine meniscoide oder konische Stelle anschliesst, an welcher die verdünnte Sklerotika gleichsam blossliegt, daher fast nur weisses Licht zurückwirft, scheint es bei Glaucom die Zurückdrängung der Lamina cribrosa zu sein, durch welche die Verbindung der Lamina mit der Chorioidea gedehnt und letztere dann mehr weniger weit zur Atrophirung gebracht wird. Daher tritt diese, wenn nicht ringsum, am frühesten und am breitesten an der temporalen Seite auf, an welcher die Lamina nach Wolfring etwas weniger widerstandsfähig ist als an der Nasenseite, an welcher sich auch die Excavation (die Gefässknickung) früher als an der Nasenseite kundzugeben pflegt. Aus diesem Grunde erscheint auch die periphere Begrenzung des Halo meistens weder als scharfe noch als regelmässige Linie. Dass aber die Chorioidea in der Zone, in welcher der Halo gesehen wird, in der That atrophisch sei, dafür bürgen die anatomischen Untersuchungen von Schweigger.[1] „Ich fand die Chorioidea an dieser Stelle in ein sehr verdünntes, vollkommen durchsichtiges Häutchen verwandelt, ganz wie bei hochgradiger Atrophie durch Ver-

[1] Gebrauch des Augenspiegels. Berlin 1864, pag. 130.

längerung der Sehachse, nur mit dem Unterschiede, dass bei
Myopie die complet atrophirte Stelle sich an ein ebenfalls,
aber in geringerem Grade atrophirtes Terrain der Chorioidea
anschliesst, während der die Excavation umgebende vollständig
atrophirte Theil der Chorioidea sich scharf gegen ein vollständig normales Chorioidealgewebe absetzte."

Entgegen dieser Ansicht hat Mauthner[1]) den glaueo-
matösen Hof als eine „Exsudatbildung rings um den
Sehnerven" aufgefasst. Diese Ansicht stützt sich nicht auf
anatomische Untersuchungen. Ich selbst konnte bei zahlreichen
mikroskopischen Untersuchungen nie eine Spur von Exsudat
an der fraglichen Stelle vorfinden; mir ist auch ein solcher
Befund von Anderen nicht bekannt. Eine Exsudatmasse,
welche im Stande wäre, Licht in solchem Grade zurück-
zuwerfen, müsste schon sehr mächtig und sehr dicht sein und
könnte mit der Zeit wohl flacher werden, aber nicht, wie dieser
Ring, an Breite zunehmen, um schliesslich doch der Atrophie
Platz zu machen, welche Mauthner als Endausgang zulässt.
In seiner Glaucomtheorie sagt Mauthner auf pag. 204: „Es
dürfte sich beim Glaucom um eine an Formelementen arme
Entzündung handeln, welche im ganzen Bereiche des Ciliar-
gefässsystems sich etablirt und nur im Bereiche des Skleralgefässkranzes (am Orte des Glaucomhofes) zu massigeren
Exsudationen führt."

Der hintere Skleralgefässkranz, auf welchen besonders
Ed. von Jäger die Aufmerksamkeit gelenkt hat, geht be-
kanntlich aus zwei bis vier Stämmchen der hinteren kurzen
Ciliararterien hervor, indem sie in der Sklera rings um die
Lamina cribrosa sich entgegen kommende Aestchen abgeben.
Von diesem Kranze gehen nach Leber (Graefe — Sämisch II.,
pag. 306) einerseits zahlreiche Aeste zur Chorioidea, anderer-
seits ebenso zahlreiche nach innen zum Sehnerven und dessen
Scheide; letztere entsprechen in ihrem Verhalten ganz den
Gefässen der inneren Sehnervenscheide, mit denen sie auch

[1]) A. f. A. und O., VII. b, pag. 112 und Glaucomtheorie 1882.

durch rückwärtsgehende Ausläufer zusammenhängen. „Venen, deren Verlauf dem der eben beschriebenen Arterien entspräche, habe ich ebenso wenig auffinden können als frühere Beobachter. Anders verhält es sich mit der unmittelbaren Verbindung zwischen den Gefässen der Chorioidea und des Sehnerven. Zahlreiche Aeste, sowohl Venen als Arterien, treten aus dem Aderhautrand in den Sehnervenquerschnitt ein, und es setzt sich selbst das feine Capillarnetz der Chorioidea unmittelbar in das weitmaschigere, die Nervenbündel umstrickende Gefässnetz des intraoculären Sehnervenendes fort." Es ist kaum denkbar, übrigens auch durch Sectionsbefunde nicht nachgewiesen, dass in einem und demselben Gefässgebiete (in dem des Skleralgefässkranzes) durch einen entzündlichen Process Erweichung des Bindegewebes, und zwar ohne Nachtheil für die durchtretenden Nervenfasern, in der unmittelbaren Umgebung aber scharf begrenzte Ablagerung plastischen Exsudates erfolgen sollte. Noch nie ist an Stelle des glaucomatösen Hofes etwas Anderes als Atrophie der Chorioidea vorgefunden worden.

Nach Mauthner (Glaucomtheorie, pag. 186) sollen wir uns nämlich auf Grund klinischer Thatsachen vorstellen, „dass der glaucomatöse Process am Sehnerven in einem entzündlichen Vorgange beruht, durch welchen es zunächst zu einer Erweichung des Bindegewebes der Lamina cribrosa und im Sehnerven, so zum Zurücksinken der Lamina und der Gefässe im Sehnervenkopfe kommt. Der Nachweis des Zurücksinkens der Gefässe in dem durchsichtig gewordenen Sehnervenkopfe sei zwar bisher noch nicht gegeben, aber die Thatsache, dass bei Glaucom im Sehnervenkopfe regelmässig entzündliche Processe im Spiele sind, habe Brailey nachgewiesen, und dieser Forscher habe die Meinung scharf betont, dass bei Erörterung der Frage, ob diese entzündlichen Vorgänge der Spannungserhöhung vorangehen oder nachfolgen, es sich um eine präglaucomatöse krankhafte Veränderung im Nerven handle". „Nach Brailey (Ophth. Hopp. Rep. X. pag. 88) geht dem klinischen Bilde des Glaucoms eine Neuritis optica voraus."

Indem Brailey eine Glaucomtheorie aufstellt — auf Grund seiner anatomischen Untersuchungen an enucleirten Augen — gibt er bei Besprechung der Gruppe IV (Secundärglaucom nach eitriger Hornhautentzündung) an, Neuritis mit Entzündung des Gewebes zwischen der inneren und äusseren Sehnervenscheide trete sehr schnell nach dem Auftreten der Cornealaffection und vor dem Auftreten der Drucksteigerung ein. Diese Stelle kann also nicht auf das Primärglaucom bezogen werden. Später heisst es: „Jede Glaucomtheorie, gegründet auf was immer für eine Menge von Untersuchungen von Augen, welche wegen schwerer Erkrankung enucleirt wurden, lässt den Einwand offen, dass die Veränderungen, auf denen sie beruht, nach dem Auftreten der Drucksteigerung entstanden sein können. Es würden Untersuchungen von Augen in frühen Stadien nothwendig sein, um zu zeigen, dass die Entzündung, Atrophie und Sklerosis des Ciliarmuskels oder des Nerven vorhanden sind." In dem Artikel von Brailey und Edmunds über den Zustand des Sehnerven, des Ciliarkörpers und der Iris bei Drucksteigerung wird die Meinung ausgesprochen, dass bei primärem Glaucom krankhafte Veränderungen im Sehnerven vor dem Auftreten des Glaucoms vorhanden seien, aber hinzugefügt: „In den Fällen von Cornealgeschwüren und Wunden haben wir Beweise, dass die Neuritis der Cornealentzündung auf dem Fusse folgt und der Drucksteigerung vorangeht." Auf Grund dieser Publication allein möchte ich nicht behaupten, dass dem Glaucom, respective der Drucksteigerung ein entzündlicher Zustand im Sehnerven vorausgehe.

Die Centralgefässe der Retina, welche sich bereits hinter der Lamina in je einen oberen und unteren Ast gespalten haben und noch im Bereiche der Papilla, besonders nasenwärts, zahlreiche Aestchen abgeben, sind am Rande des Sehnervenquerschnittes sowohl oben als unten meistens durch je zwei Zweige vertreten. Bei der glaucomatösen Excavation liegen diese Gefässe, sowohl die Arterien als die Venen dort, wo sie zur Vertiefung hinabsteigen, daher gebogen oder geknickt erscheinen, dicht am Rande der Chorioideal- und Skleralöffnung

7*

an und können auf dem Grunde der Grube erst bei Einstel-
lung des beobachtenden Auges für eine grössere Entfernung
deutlich gesehen werden. Diese Gefässe müssen bei dieser
Lageveränderung, ganz besonders bei der Ampullenform der
Grube, offenbar eine längere Strecke vom Papillenrande bis
zur Einmündung in die Centralstämme zurücklegen, sie müssen
also nicht blos geknickt, sondern auch gedehnt worden sein.
Der markhältige (hinter der Lamina liegende) Theil des Sehnerven wird endlich förmlich aus dem Bereiche der Sklerotika
hinausgedrängt, der Grund der Grube liegt dann fünf und mehr
Dioptrien hinter dem Grunde des betreffenden Auges. Indem
die Centralgefässe im Grunde der Grube wieder nach einem
Punkte zusammentreten, müssen sie auch an der Einmündung
in die Hauptstämme eine gewisse Knickung erleiden. Da die
Sehnervenfasern, sobald sie marklos geworden sind, also circa
0·5^{mm} hinter der Innenfläche der Chorioidea zu divergiren be-
ginnen, etwa wie die Halme einer Getreidegarbe, welche man
vor dem sie zusammenhaltenden Bande in der Mitte auscin-
anderstülpt, und da die Centralgefässe, erst in je zwei, dann
in vier oder mehr Stämmchen ausfahrend, in ihrem Verlaufe
mit den Nervenfasern nach der Peripherie umbiegen, was ins-
besonders bei ausgesprochener physiologischer Excavation sehr
schön zu sehen ist, so wird es begreiflich, dass die Excavation,
welche durch Drucksteigerung bewirkt wird, sich in der Regel
von der Gefässpforte aus entwickelt, und dass dann die nach
hinten gedrängten Gefässe zugleich nach der Peripherie ge-
schoben werden. Die Mitte der Papilla, wo die Nervenfaser-
bündel eine trichterförmige Lücke lassen, ist wohl bei steigendem intraoculären Drucke zunächst als Locus minoris resistentiae zu betrachten. Die grösseren Gefässe selbst aber
dürften dem Drucke länger widerstehen als ihre Umgebung,
und darin mag der Grund liegen, dass partielle Druckexca-
vationen vorkommen, oder dass die totalen einzelne Nebenausbuchtungen darbieten. Diese Verhältnisse werden nach einfach physikalischen Gesetzen leicht verständlich; wir brauchen
nicht zu sagen, dass etwas nach hinten, oben oder seitwärts
sinkt. Vergleiche die Tafeln II, IV, V und VI.

III. Stadium der Degeneration.

Die hier zu besprechenden Veränderungen erfolgen nie, ohne dass das Auge vorher in das Stadium der Entzündung eingetreten war; sie sind stets nur die Folgen eines acuten oder chronischen Entzündungsprocesses; sie kommen zum Theil schon während desselben zum Vorschein, und sie schliessen selbst das neuerliche und wiederholte Auftreten entzündlicher Nachschübe nicht aus, bis endlich manifeste Verschrumpfung des Bulbus entsteht, worauf dann ein ruhiger stationärer Zustand erfolgt.

Was die Spannung und die Form des an Glaucom erblindeten Auges betrifft, so bleibt erstere nach Ablauf eines entzündlichen Anfalles noch bedeutend erhöht, in Fällen mit Skleralektasien und Vergrösserung des Bulbus wohl meistens für immer. Nach wiederholten Anfällen, welche von vermehrter Injection und von heftigen Schmerzen begleitet sind, kann Nachlass der Spannung eintreten und der weicher gewordene Bulbus kleiner, in der Gegend eines oder aller Musculi recti abgeflacht erscheinen, was, wie wir sehen werden, mit der Schrumpfung des Glaskörpers und der consecutiven Netzhautabhebung zusammenhängt. Die Vergrösserung des Bulbus und das Auftreten eines oder mehrerer Skleralstaphylome in der Aequatorialgegend pflegt nach heftigen Anfällen sehr bald, in minder heftigen erst nach längerer Dauer des zweiten Stadiums ohne oder mit entzündlichen Nachschüben allmälig aufzutreten. Diese Staphylome können dann leicht übersehen werden, wenn man nicht ausdrücklich darauf untersucht. Sie bilden mitunter ganz flache bläulichweisse Hügel; sie setzen, was ihre Entstehung betrifft, Verwachsung der Sklera mit der Chorioidea, meistens auch mit der Netzhaut voraus und sind in dieser Beziehung ganz verschieden von hirsekorngrossen Hügeln an einer oder der anderen Austrittsstelle einer Ciliarvene, welche ungleich seltener zur Beobachtung gelangen. Staphylome im Bereiche des Corpus ciliare kommen selten, Intercalarstaphylome niemals vor.

An der Sklera tritt die ins Schmutziggraugelbe spielende Verfärbung und die Erweiterung der Emissarien, so lange die

Härte des Bulbus anhält, meistens noch deutlicher hervor; manchmal nimmt eine oder die andere Stelle der Sklera im vorderen Umfange eine schiefergraue Farbe an, ohne eine Spur von Hervortreibung zu zeigen. Die speciellen Veränderungen des Skleralgewebes bei Glaucom werden im vierten Abschnitte besprochen werden.

Von hoher Bedeutung sind die Veränderungen in der Hornhaut. Sie sind nur eine weitere Entwicklung der während des ersten, gewöhnlich während eines wiederholten entzündlichen Anfalles gesetzten Veränderungen, welche bereits auf pag. 92 beschrieben wurden. Sobald es nämlich zum Austreten zelliger Elemente aus dem Randschlingennetze gekommen ist, kann es zu streifiger Trübung, zu trüben Flecken in der Substanz, endlich auch zur Bildung einer structurlosen Membran zwischen der Bowman'schen Membran und der Epithellage kommen, wie sie H. Müller angedeutet, aber erst Fuchs l. c. pag. 77 näher beschrieben hat. „In solchen Glaucomfällen, wo das veränderte Aussehen der Hornhaut schon längere Zeit besteht, findet man nebst den Flüssigkeitströpfchen auch noch Rundzellen, anfangs nur vereinzelt zwischen den Basalzellen des Epithels, später in ganzen Gruppen, ohne dass sich diese Stellen schon durch eine Erhebung der Oberfläche des Epithels kund zu geben brauchen, was erst bei bedeutender Anhäufung von Zellen oder Flüssigkeit geschieht. In den grössten unter den Zellenhaufen werden dann Blutgefässe bemerkbar, welche vom Limbus corneae herkommen. Wahrscheinlich unter Beihilfe dieser Gefässe findet eine weitere Organisation der Zellenhaufen statt, aus welcher sich ein faseriges, zellenarmes, zuweilen der Hornhaut sehr ähnliches Gewebe bildet, welches der Bowman'schen Membran aufliegt. Es sind dies jene halbdurchscheinenden, zuweilen wie salzig aussehenden Anlagerungen, welche man an Augen trifft, die bereits seit längerer Zeit an Glaucom erblindet sind.“ Diese Art der Hornhautdegeneration reicht nicht bis in die Randzone, nimmt nur die mittlere Region ein. „Zuweilen bildet das auf der Bowman'schen Membran aufgelagerte Gewebe nicht unregelmässige Höcker, sondern stellt eine fast

gleichmässig dicke faserige Membran dar, wie sie
Leber[1]) beschrieben und abgebildet hat. Dieselbe besteht
aus breiten derben Bindegewebsfasern mit sehr wenig Zellen
und wenigen oder gar keinen Gefässen; manchmal besitzt diese
Membran grosse Aehnlichkeit mit der Hornhautsubstanz selbst."
— „In jenen Fällen, wo eine faserige resistente Membran in
grösserer Ausdehnung der Hornhaut aufgelagert ist, kann es
durch Ansammlung von Flüssigkeit unter derselben leicht zur
Bildung einer grösseren Blase kommen — Keratitis bul-
losa." — In manchen Fällen findet man in der auf die genannte Art veränderten Cornea grau- oder gelblichweisse
Körner oberflächlich eingebettet, ähnlich denen, wie sie Nettelship[2]) bei der Band-Keratitis (Graefe) beschrieben hat; in
anderen nimmt die Cornea zunächst in der Mitte, dann auch
bis zum Rande ein knorpelähnliches Aussehen an; in
einem solchen Falle, in welchem zugleich flache Aequatorial-
staphylome vorhanden waren, hatte die Cornea eine Aehnlichkeit
mit einem dickwandigen, doch nur wenig aufgewölbten Staphylom (doch ohne sichtbare Gefässe). In anderen Fällen tritt
Entzündung und Verschwärung der Hornhaut dazu, von
selbst oder nach Einwirkung äusserer Schädlichkeiten, oder
wenn die Linse bis an die Cornea vorgerückt ist. Heftige
Blutung pflegt die nächste, allgemeine Entzündung des
Augapfels mit eitriger Consumtion desselben die weitere
Folge des Cornealdurchbruches zu sein. Von spontaner Berstung
des Bulbus ohne vorhergehende Geschwürsbildung in der Cornea ist mir kein Fall bekannt.[3]) Der Blutgefässentwicklung
in der Tiefe der Cornea wurde bereits auf pag. 89 erwähnt.
Wenn allmälig Atrophie des Bulbus eingetreten ist, kann die
Cornea ganz rein und glatt aussehen, aber der Durchmesser
ihrer Basis pflegt kleiner, ihre Oberfläche stärker und unregelmässig gekrümmt zu sein.

Blutergüsse in der vorderen Kammer kommen meistens erst dann vor, wenn die Sehkraft gänzlich erloschen ist

[1]) A. f. O., XXIV. a, pag. 285 mit Taf. IV, Fig. 5.
[2]) Knapp's Archiv, IX. Bd., pag. 198.
[3]) Arlt, Krankheiten des Auges, II. Bd., pag. 197.

und auch andere Veränderungen, namentlich in der Iris,
bereits auf Degeneration hinweisen.

Die degenerativen Veränderungen in der Iris wurden bereits pag. 85 angeführt. Ist ein Theil des Pupillarrandes an die Kapsel angelöthet, so wird die entsprechende
Partie der Iris mitunter zum Durchscheinen dünn.

Dass der glaucomatöse Process schliesslich auch Veränderungen der Linse herbeiführt, ist männiglich bekannt.
Abgesehen von der Vorwärtsdrängung ist es besonders die
Trübung, welche manche Eigenthümlichkeiten darbietet, sobald
das Auge in das degenerative Stadium eingetreten ist. Der
glaucomatöse Staar, früher als Gicht- oder grüner Staar
bezeichnet, wird nebst der Disposition, welche das Senium mit
sich bringt, wahrscheinlich durch die chemische Veränderung
des Glaskörpers und durch die entzündlichen, schliesslich atrophischen Veränderungen des Ciliarkörpers eingeleitet oder doch
begünstigt. Es kann sein, dass sich Cataracta unabhängig
von den letztgenannten Veränderungen entwickelt, entweder
schon vor dem Auftreten des glaucomatösen Processes, oder auch
während des Ganges desselben. Von Cataracta glaucomatosa kann man jedenfalls erst dann sprechen, wenn die Function der Netzhaut völlig erloschen ist. Der Stellung dieser
Diagnose muss daher jederzeit eine genaue Functionsprüfung
vorausgehen. So lange wenigstens noch ein Theil der Netzhaut deutliche Lichtempfindung zeigt und der Zustand der Iris
es gestattet, ist mehr weniger Aussicht vorhanden, durch eine
Iridektomie das Auge zu einer (acht bis zehn Wochen später
vorzunehmenden) Extraction der Cataracta geeignet zu machen.
Wird die Extraction selbst bei guter Lichtempfindung und Projection vor der Herabsetzung des gesteigerten intraoculären
Druckes (durch die Iridektomie) vorgenommen, so muss man
auf heftige Hämorrhagie (aus der Aussenfläche der Chorioidea,
daher wohl auch Hervorgedrängtwerden dieser Membran aus
der Extractionswunde) bei oder bald nach der Operation gefasst sein. Der bekannte grünliche Reflex, welchen die
weite Pupille entzündlich glaucomatöser Augen nach Klärung
der Medien vor der Linse zurückwirft, und an dessen Zustande-

kommen, wie Sichel und Makenzie gezeigt haben, die senile gelbe Farbe der Linse (eigentlich des Kernes der Linse) wesentlichen Antheil hat, pflegt auch nach erfolgter Trübung der Linse nicht ganz zu verschwinden, daher die Cataracta viridis schon seit langer Zeit als eine Noli me tangere angesehen wurde. Die Veränderung der Linse macht übrigens dieselben Phasen durch, welche man bei einfacher seniler Cataracta zu beobachten pflegt; anfangs tritt Quellung der Rindensubstanz ein, welche um so auffallender erscheint, je mehr die Linse nach vorn gedrängt ist; in diesem Stadium zeigt die Linse gewöhnlich seiden- oder perlmutterglänzende, speichenartig angeordnete Streifen der Corticalis; weiterhin kommt es bei Cataracta glaucomatosa ungemein oft zur Bildung eines vorderen Kapselstaares, welcher die mittlere Region der Kapsel einnimmt; manchmal kommt es zur Einschrumpfung, wohl auch zur Verkalkung der Linse. Verflüssigung der Rindensubstanz (sogenannte Cataracta Morgagni) glaube ich hier niemals gesehen zu haben; dagegen kommt es manchmal zu seitlichem Ausweichen der Linse sammt der getrübten und verdickten Kapsel, und nicht selten zu solcher Vordrängung der cataractösen Linse, dass diese die Cornea berührt. Zurückziehung der Linse kommt nur dann vor, wenn der Bulbus atrophisch wird.

Die wichtigste Veränderung beim Uebergange in das degenerative Stadium oder während desselben in Folge wiederholter entzündlicher Anfälle ist wohl die Netzhautabhebung. Sie wird bedingt durch die Setzung plastischen Exsudates an der Innenfläche des Corpus ciliare und der vordersten Zone der Chorioidea in Folge eines einzigen sehr heftigen, oder in Folge wiederholter entzündlicher Anfälle. Indem auch Exsudat in den Glaskörper gesetzt wird, wird auch dessen Ernährung gehemmt und dessen Stroma und Umhüllung durch das daran haftende Exsudat zur Schrumpfung gebracht, somit die Netzhaut sammt der Hyaloidea gegen den hinteren Pol der Linse und gegen die Verbindungslinie zwischen diesem und der Eintrittsstelle des Sehnerven hingezogen; zugleich wird aber auch der zwischen Retina und Chorioidea entstehende

Raum durch serös-albuminösen Erguss oder durch Blut erfüllt.
Dieser Vorgang, welcher aus meinen älteren Sectionsbefunden
unzweifelhaft ersichtlich wird, ist zuerst von H. Müller richtig erkannt und geschildert worden. Er findet nicht blos bei
Glaucom, sondern auch bei anderweitig bedingter Kyklitis
statt und gibt den Schlüssel zu der schon von Beer und
seinen Nachfolgern constatirten Thatsache, dass solche Bulbi
schliesslich weicher und atrophisch werden. In den Fällen,
in denen ich den Ausgang in Atrophie lange genug zu beobachten Gelegenheit hatte, schrumpfte der Bulbus immer auf
einen sehr kleinen Stumpf zusammen; diese Fälle waren
acut aufgetreten und die Atrophie war in Zeit von ein bis
zwei Jahren vollendet.

Zur Vervollständigung des Krankheitsbildes in diesem
Stadium muss endlich noch angeführt werden das typische
Auftreten heller und dunkler Tage oder Stunden nach
völliger Erblindung. „An den dunklen Tagen herrscht das
Gefühl völliger Dunkelheit vor dem Auge vor; an denselben
glaubt der Kranke, er müsse sehen, wenn nur der lichte, aber
dicke Nebel vor den Augen etwas dünner wäre. Der Wechsel
zwischen der Empfindung des Dunkeln und des Lichten tritt
oft durch viele Tage oder Wochen nach einander immer zur
selben Stunde ein, z. B. des Morgens 4 Uhr, wenn auch aussen
völlige Dunkelheit herrscht. Oder es tritt die Empfindung des
Hellen täglich durch einige Stunden, z. B. regelmässig von
1 bis 4 Uhr Nachmittags, ein. Dieser Wechsel dauert gewöhnlich so lange, bis das Auge atrophisch zu werden anfängt.
Er erhält die Kranken meistens in einer sehr unangenehmen
Gemüthsaufregung und verhindert, dass sie sich mit dem Ge-
danken unheilbarer Erblindung befreunden.“[1]) Dieser Umstand, besonders aber hartnäckig anhaltende oder wiederkehrende Schmerzen rechtfertigen die Enucleation des erblindeten Auges, sobald die Iris ringsum so weit atrophirt erscheint,
dass man von der Iridektomie nicht mehr eine entspannende
Wirkung erwarten kann. Die Punction nach Makenzie

---

[1]) Arlt, Krankheiten des Auges, II. Bd., pag. 192.

(Entleerung verflüssigten Glaskörpers oder subretinalen Er-
gusses durch Skleralpunction), welche ich früher vorgenommen
habe (l. c. pag. 208), kann ich nicht für rathsam erklären,
weil sie von der Gefahr, auf dem zweiten Auge Iridokyklitis
sympathica einzuleiten, nicht freigesprochen werden kann. Ein
glaucomatöses Auge zu enucleiren, um den Ausbruch auf dem
anderen Auge zu verhüten, ist ein ganz unsicheres Unternehmen;
einerseits kann man das Ausbleiben des glaucomatösen Processes auf dem zweiten Auge nicht verbürgen oder auch nur
mit überwiegender Wahrscheinlichkeit vorhersagen, und andererseits können nach meiner Erfahrung 11, nach Fischer sogar
15 Jahre verstreichen, ohne dass es zur Entwicklung von
Glaucom auf dem zweiten Auge kommt.

IV. Abschnitt.

Aetiologie. Anatomische Untersuchungen.

Das Glaucom ist, wie längst bekannt und auch meistens anerkannt, eine Krankheit des höheren Alters; der Ausbruch vor dem 40. Lebensjahre ist relativ sehr selten. In analoger Weise sehen wir jene charakteristische Hornhauttrübung, welche wir — um ihre Beziehung zum höheren Alter anzudeuten — arcus senilis nennen, ausnahmsweise schon bei einem 36, selbst 30 Jahre alten Individuum ausgebildet, ohne eine bestimmte anderweitige Veranlassung dazu (z. B. vorausgegangene Entzündung) auffinden zu können.

Von 388 Personen, 200 weiblichen, 188 männlichen Geschlechtes, welche in den letzten zehn Jahren vor Ostern 1883 zur Glaucomoperation auf meine Klinik aufgenommen wurden, fällt rücksichtlich des Lebensjahres der Erkrankung, soweit dasselbe ausgemittelt werden konnte, die grösste Zahl zwischen das 50. und 60. Jahr (67 Weiber, 62 Männer) mit 129, die nächste zwischen das 60. und 70. Jahr (53 Weiber, 57 Männer) mit 110, die dritte zwischen das 40. und 50. Jahr (49 Weiber, 44 Männer) mit 93. Dazu kommen 8 Weiber und 9 Männer, bei welchen der Ausbruch wahrscheinlich erst nach dem 70. Lebensjahre erfolgt war. Wenn man berücksichtigt, dass die Zahl der Individuen, welche das 60. Jahr überleben, viel kleiner ist als die des vorhergehenden Decenniums, und dass nur relativ sehr wenig Menschen das 70. Lebensjahr erreichen, so erhält der Ausspruch, dass die relative Frequenz des Glaucoms vom 40. Lebensjahre an zunimmt, durch diese Zahlen nur abermals Bestätigung. Gegen die Gesammtsumme der Glaucomatösen jenseits des 39. Jahres = 349 ist die Zahl der vor dem 40. Jahre Erkrankten = 39 eine sehr geringe. Von diesen standen Weiber 15 zwischen dem 35. und 40., 5 zwischen dem 30. und 35., 2 zwischen dem 25. und 30., 1 im 20. Lebensjahre; von den männlichen Individuen standen 14 zwischen dem 30. und 40. Jahre, 1 im 29. und 1 im 16. Jahre. Bei solcher prämaturer Erkrankung dürfte wohl öfters Erblichkeit im Spiele sein, mitunter vielleicht auch ein Fall als Glaucom aufgefasst werden, welcher, indem die Drucksteigerung von primärer Erkrankung der Netz- oder Aderhaut ausging, eigentlich zu den Secundärglaucomen gehört.

Bekannt ist ferner, dass Glaucom selten bei myopischem Bau des Auges auftritt, eher bei Emmetropie, am häufigsten bei Hypermetropie. Obwohl an dem klinischen Materiale der Refractionszustand vor und nach der Operation nur in relativ wenigen Fällen bestimmt werden konnte, erwies sich doch die Zahl der bestimmt myopischen Glaucomkranken als eine fast verschwindend kleine.

Sichergestellt ist auch, dass erbliche Anlage bezüglich des Ausbruches des Glaucoms eine grosse Rolle spielt. Es ist dies nicht nur bei einzelnen Familien vielfach constatirt worden, es liefert auch ein ganzer Volksstamm, der der Israeliten, dafür zahlreiche Beweise. Vielleicht ist auch die Angabe, dass dunkle Augen relativ öfter an Glaucom erkranken, zum Theil mit auf die letztgenannte Thatsache zurückzuführen.[1]

Während diese Momente: Alter, Bau des Auges und erbliche Anlage als permanent disponirende anzusehen sind, müssen andere, nicht immanente, gewissermassen als excitirende betrachtet werden. Hieher gehören vorzugsweise: Herabgekommensein des Körpers durch schwere körperliche Leiden, schlechte Nahrung, Kummer, Sorgen, deprimirende Gemüthsaffecte überhaupt, wie bereits pag. 11 und 64 angegeben wurde. Diese Momente wirken höchst wahrscheinlich

---

[1] Nach Alter und Geschlecht verhielt sich die Zahl der Juden zu den Christen:

Alter:	Unter 20	20—30	30—35	35—40	40—50	50—60	60—70	über 70	Summa
Weibl.	1:0	—	2:3	10:5	23:26	16:51	16:37	2:6	70:130
Männl.	0:1	0:1	—	5:9	20:21	21:41	11:46	4:5	61:127
									131:257 = 388

Das Verhältniss der Juden zu den Christen erscheint hier enorm gross, gewiss deshalb, weil die Juden aus den Provinzen, namentlich aus Galizien und Ungarn, viel leichter Mittel und Wege nach Wien finden und bezüglich ihrer Gesundheit weit weniger indolent sind als die Christen, wenigstens jene, welche vermöge ihrer Vermögensverhältnisse auf die Hilfe in einem Spitale angewiesen sind.

dadurch nachtheilig, dass sie den Rückfluss des Blutes durch
die Venen retardiren.

Bei erblicher Anlage, welche sich durch keine objectiven
Merkmale, nur durch Kenntniss der Familienverhältnisse constatiren lässt, kann der Ausbruch der Krankheit relativ frühzeitig, bei gutem Allgemeinbefinden, unter günstigen Lebens-
verhältnissen und auch ohne besonders stark excitirende
Momente erfolgen.

Ich glaube im III. Abschnitte dargethan zu haben, dass
sich der Ausbruch und der weitere Verlauf des Glaucoms
leicht begreifen lässt, wenn man annimmt, dass Stauung in
den Vortexvenen, respective in dem eigenthümlichen Ca-
pillargefässnetze der Chorioidea vor den Stämmen der
Vortexvenen die erste Veränderung im Bulbus sei, in Folge
deren es dann zur Ausscheidung wässriger, weiterhin auch
zelliger Elemente in den Glaskörper und in den vorderen
Theil des Uvealtractus kommen kann. Während ich in den
ersten Jahren meiner Studien über das Glaucom die Ursache
dieser Stauung in einem Allgemeinleiden suchen zu müssen
vermeinte, bestimmten mich namentlich die Erfolge der Iridektomie, die Ursache in örtlichen Störungen, im Auge
selbst, zu suchen. Ich meine nun die Ursache in zunehmender,
in abnormer Rigidität der Sklera gefunden zu haben, nicht
in dem Sinne, in welchem Coccius, Cusco und Magni angenommen haben, nämlich dass sich vermöge seniler Veränderungen der Sklera der Bulbus gleichsam in sich selbst zu-
zammenziehe und deshalb (gleichsam durch Compression des
Inhalts) härter werde, sondern in der Weise, dass durch diese
Veränderung der Sklera der Abfluss des Venenblutes aus dem
Uvealtractus durch die Vasa vorticosa erschwert werde, und
dass diese Veränderung den Anstoss zu Ueberfüllung des
Auges gebe oder doch geben könne.

Ich ging zunächst daran, mich über das Verhalten der
Vortexvenen in der Strecke, welche diese Gefässe innerhalb des Skleralgewebes durchlaufen, zu informiren. Das
reichliche Material dazu (über 80 Bulbi zwischen dem Alter
von 19 70 Jahren) stellte mir Hofrath Langer, dem ich

hiemit bestens danke, aus dem Secirsaale zur Verfügung.[1])
Die feinere Untersuchung besorgte mir Dr. Hochenegg. Das
Ergebniss war, dass jeder der Vortexvenenstämme von seinem
Eintritte in die Sklerotika bis zum Austritte einen Canal von
3·2ᵐᵐ Länge (von vorn nach hinten) passirt.

    Die Fragen, welche ich dem Dr. Hochenegg zur Beantwortung vor-
gelegt hatte, waren: 1. wie lang ist das im Skleralgewebe gelegene Stück
der Vortexvene? 2. wie gross ist das Lumen derselben in der Sklera? und
3. unterscheidet sich die Dicke der Sklera in der Gegend des Venendurch-
trittes nach dem verschiedenen Lebensalter? Nach verschiedenen Versuchen
an frischen wie an gehärteten Stücken der Sklera liessen sich endlich nur
mit dem Gefriermikrotome brauchbare Schnitte erhalten, welche in der
Richtung des durchscheinenden Gefässes senkrecht durch die Sklera geführt
wurden. „Das weitere Verfahren, um die Schnitte unter das Mikroskop zu
bringen, ergab Ungenauigkeiten." „Ich bekam entsprechend dem Durchtritte
der Vene zwei Stücke Sklera, die nur durch das Chorioidealgewebe an der
Innen- und durch das episklerale Bindegewebe an der Aussenseite lose zu-
sammengehalten wurden. Auch litt die Dicke der Sklera theils durch den
Druck des Deckglases, theils durch Imbibition mit den Flüssigkeiten, in
denen ich die Schnitte betrachtete. Ich liess daher das die Vene einschliessende
Skleralstück gefrieren und führte so lange Schnitte, bis ich einen vollkom-
menen Durchschnitt der Vortexvene ihrer Länge nach bekam, und mass
dasselbe mittelst Zirkel, ohne es vom Objecttische des Mikrotoms wegzu-
bringen oder wieder aufthauen zu lassen. Dann las ich die Grösse der
Distanz zwischen den Zirkelspitzen auf einem Maassstabe ab. Resultate:
1. Die Länge des im Skleralgewebe eingeschlossenen Stückes der Vortexvene
schwankt in 26 gemessenen Fällen zwischen 3—4ᵐᵐ und betrug in 14 Fällen
davon 3·2ᵐᵐ. 2. Die Dicke der Sklera an den Durchtrittsstellen schwankt
zwischen 1·2 und 1·5ᵐᵐ. Einen besonderen Unterschied je nach dem Alter
konnte ich (bezüglich der Dicke) nicht herausfinden, obwohl unter den 26 Augen
12 über 50, 5 über 60, 3 über 70 Jahre alt waren. Bezüglich der zweiten
Frage wage ich keine bestimmte Aussage; ich kenne keine Methode, welche
gegen zufällig irrige Schätzung des Gefässlumens Sicherheit gäbe." Zur
Beantwortung der dritten Frage mangelte dem Dr. Hochenegg die er-

---

[1]) Den grössten Theil dieser Bulbi benützte ich zur Gewinnung rein
herauspräparirten Glaskörpers behufs chemischer Untersuchung durch Professor Ludwig, welcher das Resultat derselben separat veröffentlichen wird.
Ob sich bei Glaucom chemische Veränderungen des Glaskörpers werden
nachweisen lassen, bleibt späteren Untersuchungen vorbehalten. Um zu diesen
gewissermassen eine Basis zu bieten, habe ich Professor Ludwig zu dieser
Arbeit eingeladen. Ist einmal eine verlässliche Methode zur chemischen
Untersuchung gegeben, dann wird es wahrscheinlich möglich sein, den Glaskörper auch eines einzelnen glaucomatösen Auges bezüglich seiner Qualität
zu prüfen.

forderliche Zeit; dafür machte mir Prosector Dr. Weichselbaum die weiter unten folgenden Mittheilungen.

In der Regel fand ich im hinteren Drittel des Bulbus vier ohngefähr rosshaardicke Venen aus der Sklerotika hervortreten, mehr weniger mit Blut gefüllt und dann noch circa 2 mm vor dem völligen Austritte durch Skleralgewebe durchscheinend, hie und da auch nach diesem Austritte noch in einer seichten Furche des Skleralgewebes rückwärts laufend und bis in die nächste Nähe der Duralscheide des Nervus opticus innerhalb der Tunica vaginalis liegen (leicht verschiebbar). Sie liegen, wie in Fig. 12 dargestellt ist, symmetrisch um den Sehnerven herum, zwei in der oberen, zwei in der unteren Hälfte, die oberen circa 7, die unteren circa 6 mm von einander entfernt (also ohngefähr um die Breite des Musculus rectus superior et inferior). Ihre Entfernung von der Sehnervenscheide, je nach der Länge des sagittalen Bulbusdurchmessers zwischen 7 und 10 mm schwankend, ist an der Nasenseite kleiner als an der Schläfenseite. (Bei zwei Augen von 27 mm sagittaler Achse betrug rechts der Abstand oben — aussen und unten — aussen je 12 mm, oben — innen 10·5, unten — innen 10 mm, links oben — aussen 11, oben — unten 10, unten — aussen 10, unten — innen 10·5 mm). Bezüglich der Musculi obliqui fällt die Ausmündung der oberen — äusseren Vene rückwärts von der Muskelinsertion des Obliquus superior und ist die Lage des Obliquus inferior zu den unteren Venen eine solche, dass bei stark nach innen und unten gerichteter Sehachse wohl ein Druck auf diese Gefässe möglich erscheint. Wenn einer oder einige der vier Hauptstämme durch je zwei kleinere vertreten, daher 5—7 Vortexvenen äusserlich sichtbar sind, so ist der Abstand der zwei äussersten Stämmchen von einander, sei es oben, sei es unten, nicht merklich grösser als in jenen Fällen, wo nur zwei Hauptstämme vorhanden sind (6—7 mm). In obiger Figur sind noch die Eintrittsstellen der hinteren langen Ciliararterien eingezeichnet; man kann das Durchscheinen dieser Gefässe durch die dünne Lage der Sklera, welche sie anfangs deckt, nicht selten bis in die Gegend des Aequator bulbi verfolgen.

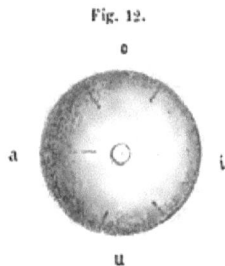

Fig. 12.

Nach dieser Untersuchung ging ich daran, aus eigener Anschauung kennen zu lernen, welche Veränderungen im lebenden Auge die Unterbindung der Vortexvenen knapp hinter ihrem Austritte aus der Sklerotika bewirken werde. Ich fand die Angaben von Leber bestätigt, dass nach der Unterbindung von ein oder zwei Venen in dem entsprechenden Bezirke der Iris beträchtliche Stauung in den Venen derselben auftritt, wie bereits oben pag. 74 angegeben wurde.

Da ich mir nicht die zu Vivisectionen nöthige Fertigkeit zumuthen konnte, war Professor Exner so freundlich, die Unterbindung bei vier weissen

Kaninchen beiderseits an den zwei oberen Vortexvenen in meiner Gegenwart
vorzunehmen (nach und nach, im Verlaufe einiger Wochen). Nach Durch-
schneidung der Bindehaut oberhalb der Hornhaut gelang es leicht, die nasale
und die temporale Vene nahe hinter ihrem Austritte aus der Sklerotika mit
einer Sonde zu umgehen und mit einem feinen Faden zu unterbinden. Die
Wundreaction war unbedeutend, besonders bei den zwei letztoperirten (etwas
kleineren) Thieren, bei welchen — auf Exner's Rath — die Vernähung der
Bindehautwunde nicht vorgenommen worden war. Veränderungen, welche
auf die Unterbindung direct bezogen werden konnten, beobachteten wir nur
in der Iris, und zwar deutlich ausgeprägt nur bei den zwei kleineren, später
(wahrscheinlich auch besser) operirten Thieren. An dem linken Auge des
einen erschien die Iris am nächsten Tage stark hyperämisch, an dem rechten
zeigte sich am dritten Tage deutliche Gefässentwicklung besonders in der
oberen Hälfte der Iris; am fünften Tage sah man in der oberen Hälfte nicht
nur zahlreichere und dickere Gefässe vom Pupillar- gegen den Ciliarrand
verlaufen, sondern auch (mit der Loupe) längs derselben Blutpunkte aneinander gereiht; nach 14 Tagen war auch diese Erscheinung spurlos verschwunden. An dem rechten Auge des zweiten (kleineren) Thieres erschien
die Iris am zweiten Tage sehr hyperämisch mit deutlich stärkerer Gefässfüllung; am dritten und vierten Tage sah man am peripheren Rande des
Sphinkters sehr dicke Gefässe auftauchen und radiär verlaufen; unterhalb
der Pupille sass ein rother Fleck an der Iris, welcher wie ein Extravasat
aussah; am fünften Tage war dieses fast verschwunden, während die Gefässerweiterung in der oberen Hälfte fortbestand. Am achten Tage war das
Extravasat ganz verschwunden und konnte man deutlich sehen, dass in der
oberen Hälfte der Iris längs der erweiterten Gefässe Blutpunkte an diese
angelagert waren; die Pupille blieb dabei rein und rund. An dem linken,
fünf Tage später operirten Auge trat sowohl oben als unten deutliche
Gefässerweiterung ein, doch oben viel stärker; auch hier war längs der
Gefässe Blut in das Gewebe ausgetreten. Vierzehn Tage nach der Unterbindung erschien in allen Fällen die Iris wieder wie vor der Operation.
Erhöhte Spannung des Bulbus, deutliche Erweiterung oder Entrundung
der Pupille, Trübung des Kammerwassers oder der Cornea liess sich in
keinem der acht operirten Augen auffinden. Wir erhielten also von den
Resultaten Leber's das eine eclatant, dass sich nämlich die Stauung in
der Iris zumeist in jenem Bezirke zeigte, welcher vor der unterbundenen
Vene lag.

Die Ansicht, dass Verminderung der elastischen
Dehnbarkeit der Sklerotika genüge, intraoculäre Drucksteigerung zu erklären, wurde von Stellwag zuerst in seiner
Abhandlung über den intraoculären Druck (1868) ausgesprochen
und neuerdings in seinen „Abhandlungen aus dem Gebiete
der praktischen Augenheilkunde (1882)" durch gewichtige
klinische und anatomische Thatsachen weiter begründet.
Die letzteren sind vorzugsweise den mikroskopischen Unter-

suchungen von Wedl[1]) entlehnt. „In der grössten Mehrzahl
der Fälle, namentlich beim Primärglaucome, wird man
während der ersten Phasen des Processes im Binnenraume selbst vergeblich nach auffälligen Erweiterungen der
Arterien oder nach Verstopfungen grösserer Capillarbezirke
und Blutaderstämme suchen. Wo man auf solche stösst, wird
man gewöhnlich allen Grund haben, dieselben als secundäre
Zustände, als Folgen der bereits bestehenden Drucksteigerung
oder vielmehr der diese letztere bedingenden krankhaften Verhältnisse aufzufassen. Und doch ist auch in diesen Fällen die
Stauung, wenigstens in dem Venengebiete, eine überaus
deutliche und zwingt förmlich zur Annahme von Strömungs-
hindernissen, welche, da sie im Binnenraume selbst
nicht bestehen und da jenseits der Sklera gelegene Venenstauungen auf das Binnenstromgebiet nur einen sehr unter-
geordneten Einfluss üben, nothwendig in die Lederhaut-
emissarien verlegt werden müssen." — „Mit viel grösserer Bestimmtheit lässt sich der Bestand von Venenstauungen
aus dem Befunde bei glaucomatösen Augen erschliessen, welche
auf operativem Wege lebenden Kranken entnommen und
der anatomischen Untersuchung zugeführt worden sind. Es
ist in denselben nämlich, wenn mit der gehörigen Vorsicht
zu Werke gegangen wird, in der Regel und vielleicht immer
eine sehr beträchtliche Blutüberfüllung des Uveal-
gebietes, vornehmlich des Strahlenkranzes und der Aderhaut, sowie der Netzhaut nachzuweisen." Stellwag macht
nun auf die Umstände aufmerksam, welche darauf Einfluss
haben, ob man diese Ueberfüllung, sei es post mortem, sei es
post enucleationem, vorfinde oder nicht (was die verschiedenen
Angaben hierüber erkläre), und fügt dann pag. 188 hinzu:
„Um die Verstopfung und gänzliche Unwegsamkeit
einer oder mehrerer Wirbelvenen im Bereiche ihrer Leder-
hautdurchlässe handelt es sich jedoch in der Regel gewiss nicht, kann und darf es sich nicht handeln.
Dies schlösse nämlich die Ausgleichsfähigkeit der

[1]) „Zur pathologischen Anatomie des Glaucoms" in Stellwag's Abhandlungen aus dem Gebiete der praktischen Augenheilkunde, pag. 137.

Drucksteigerung aus, und doch hat man derlei Ausgleiche
beim beginnenden Glaucom in den oft typischen Schwankungen der Druckhöhe tagtäglich vor Augen. Auch erzielt man selbe in vielen Fällen leicht und sicher durch An-
wendung des Eserin, sowie auf operativem Wege." Im
Wesentlichen stimmen also gegenwärtig Stellwag's und meine
Ansicht über das Glaucom (über dessen Entstehung) überein.

Die Angaben Wedl's über die Veränderungen der Sklera
in glaucomatösen Augen sind folgende: „Es ist bekannt, dass
die Elasticität aller Gewebe mit dem fortschreitenden Alter
abnimmt und in jenen Organen, welche Ernährungsstörungen erleiden, insbesondere sich geltend macht und
daselbst auch vorzeitig eine Abnahme auftreten kann. —
Die Ernährungsstörungen der Sklera in dem glaucomatösen Auge geben sich insbesondere bei chronischem Verlaufe durch Verfettung zu erkennen, welche mitunter einen
so hohen Grad erreichen kann, dass die Sklera durch Einlagerung von winzigen Fettkörnchen in das Gewebe wolkig
getrübt erscheint. Diese fettkörnigen Trübungen sind bisweilen in dem hinteren Abschnitte der Sklera sehr auffällig." — „Eine andere Erscheinung, welche auf Rigidität
hindeutet, macht sich nicht selten in dem glaucomatösen
Bulbus bemerkbar. Die inneren Lagen der Skleralfaserbündel zeigen daselbst einen mehr parallelen Zug, als ob
sie näher an einander gedrängt wären, und ein erhöhtes
Lichtbrechungsvermögen, d. h. die sich durchkreuzen-
den Bündel sind weniger markirt, das Skleralgewebe erhält
ein mehr homogenes Ansehen." — „An den zumeist hinter
der Aequatorialebene befindlichen Skleralcanälen der Wirbelvenen, der hinteren Ciliararterien und der hinteren Ciliarnerven beobachtet man bekanntlich nach Abzug der
Chorioidea mondsichelartige Klappen. Diese bestehen,
wie Durchschnitte lehren, aus mehrfachen Lagen elasti-
scher Lamellen. Die Lamina fusca mit ihren pigmentirten
Zellen begleitet eine Strecke weit die Gefässe und Nerven
durch die schief von aussen und rückwärts nach innen und
vorwärts führenden Canäle der Sklera."

8*

Um nun Genaueres über das Verhalten der Sklera zu den Wirbelvenen nicht nur bei Glaucom, sondern in den verschiedenen Lebensaltern überhaupt zu erfahren, habe ich Herrn Prosector Weichselbaum ersucht, diese mühsame Arbeit zu übernehmen. Dieser theilte mir nun als Resultat seiner Untersuchungen Folgendes mit:

1. Mikroskopische Untersuchungen über Glaucom.

„Diesen liegen die Präparate aus der Sammlung der Frau Dr. Rosa Kerschbaumer zu Grunde, welche von fünf glaucomatösen Augen stammen und durchaus vorgeschrittene Stadien des glaucomatösen Processes zeigen. (Im ersten Falle war das Auge 2 Jahre, in zwei Fällen 4 Jahre, im vierten Falle 5 und im fünften Falle 7 Jahre nach der Erblindung enucleirt worden.)

„Was die Veränderungen der einzelnen Bestandtheile des Auges in den fünf untersuchten Fällen betrifft, so zeigt die Sklera in allen Fällen einerseits eine fettige Degeneration, indem ihre Bindegewebsbündel mit zahlreichen feinsten Fetttröpfchen wie bestäubt sind, andererseits erscheint das Gewebe der Sklera, besonders in ihren hinteren Abschnitten, im Allgemeinen zellenärmer, dichter und von mehr homogener Beschaffenheit. Die erstere Veränderung, d. i. die fettige Degeneration musste eine Abnahme der Elasticität, die zweite dagegen eine Zunahme der Härte und Rigidität bedingen.“

„Was den Sehnerven betrifft, so besteht in allen fünf Fällen eine ausgeprägte Excavation, welche besonders in drei Fällen sehr tief ist. Der Form nach erscheint dieselbe entweder deutlich ampullenförmig oder blos trichterförmig; in einem Falle zeigt ihr Grund noch zwei secundäre seichte Ausbuchtungen. — In zwei Fällen ist im Orbitalstücke des Sehnerven eine Neuritis nachzuweisen, indem das interstitielle Bindegewebe des Opticus von sehr zahlreichen Rundzellen durchsetzt ist und die Nervenfasern selbst in Atrophie begriffen sind. — In der Chorioidea besteht in allen fünf Fällen eine ausgeprägte venöse Stauung und Hyperämie; die Wurzeln der Wirbelvenen sind nämlich erweitert, zeigen auf Querschnitten ein kreisrundes Lumen und sind meistens strotzend mit Blut gefüllt. In einem Falle sind in der vorderen Hälfte der Chorioidea auch Zeichen einer intensiven Entzündung vorhanden, da man in der nächsten Umgebung der Blutgefässe sehr reichliche Anhäufungen von Rundzellen findet. Diese zellige Infiltration lässt sich in diesem Falle auch noch in der inneren Schicht der Sklera und in der hinteren Begrenzungslamelle der Iris nachweisen. In einem anderen Falle findet man in den hinteren Partien der Chorioidea eine zarte Knochenlamelle eingelagert.

„Was die Ciliarfortsätze und den Ciliarmuskel betrifft, so zeigen diese in zwei Fällen deutliche Atrophie, besonders der letztere, dessen Faserlagen nur mehr schmalen Strängen gleichen, in denen keine deutlichen Kerne zu erkennen sind. Auch die Iris ist in zwei Fällen verdünnt und an einer Stelle mit der Hornhaut verwachsen.

„Die Netzhaut zeigt in einem Falle nahe der Ora serrata einen Zustand, welcher von den Einen (Iwanoff) als Oedem, von Anderen (Nettelship) als cystoide Entartung oder als eine Wucherung des Bindegewebsgerüstes (Wedl) bezeichnet wird. Man findet nämlich in den Körnerschichten grössere ovale oder runde Hohlräume, welche durch arkadenähnliche, aus kernhaltigen Fasern bestehende Balken getrennt sind. In demselben Falle zeigen auch die Arterien in der Netzhaut eine sehr verdickte sklerosirte Wandung und enges Lumen, während in einem anderen Falle theils auf der Innenfläche der Netzhaut theils unter der Membrana limitans interna Hämorrhagien zu constatiren sind." Weichselbaum.

2. Bezüglich der anatomischen Beschaffenheit der Sklera je nach dem verschiedenen Lebensalter theilte mir Weichselbaum als kurzes Resultat seiner bisherigen Untersuchungen — die er nicht als abgeschlossen betrachtet haben will — vorläufig Folgendes mit.

„Zum Behufe des Studiums der senilen Veränderungen der Sklera wurden Bulbi aus verschiedenen Altersstufen untersucht, und zwar vom ersten Decennium bis zum neunten. Das älteste Individuum war 83 Jahre alt. Um postmortale Veränderungen auszuschliessen, wurden die Bulbi wenige Stunden nach dem Tode enucleirt.

„Wenn man den enucleirten Bulbus eines älteren Individuums betastet, so nimmt man eine gewisse Rigidität und Härte wahr, welche um so deutlicher wird, je älter das Individuum ist, so dass sie bei Personen, die über 70 Jahre alt sind, schon in sehr auffälliger Weise hervortritt.

„Diese Eigenschaft des Bulbus kommt aber nur auf Rechnung der Sklera, wovon man sich leicht überzeugt, wenn man den Bulbus eröffnet und den Glaskörper und Kammerinhalt ausfliessen lässt. Trennt man hiebei den Bulbus im Aequator durch, so findet man bei älteren Individuen, dass die beiden Bulbushälften viel weniger nachgiebig und compressibel sind als bei jungen Personen. Bei letzteren bleibt

das Lumen der Bulbushälften nicht klaffend, der Bulbus collabirt mehr oder weniger und die Wände desselben geben bis
zu einem gewissen Grade dem Fingerdrucke nach. Anders
bei alten Leuten; hier bleibt das Lumen der beiden Bulbushälften klaffend, die Wände sind starr und weniger leicht zu-
sammendrückbar. Aus diesen Eigenschaften allein kann man
sicher schon entscheiden, ob ein zur Untersuchung vorliegen-
der Bulbus einem jüngeren oder älteren Individuum angehört."

Ich fand dasselbe in den zahlreichen Augen, welche ich
laut Anmerkung auf pag. 111 behufs Gewinnung reinen Glaskörpers eröffnete, indem ich rings um die Eintrittsstelle des
Opticus bis zu der Zone, welche durch die Austrittsstellen der
Vortexvenen markirt wird, Sklera, Chorioidea und Retina
schichtenweise abtrug, um dann mit Hilfe einer feinen krum-
men Scheere den Glaskörper ringsum von der Netzhaut und
dann von der hinteren Kapsel auszuschneiden (auszuschälen)
und gegen Verunreinigung des Glaskörpers, von dem selbstverständlich immer ein Drittel oder ein Viertel im Bulbus
zurückblieb, sicher zu sein.

„Dieser Veränderung in der physikalischen Beschaffenheit der Sklera entspricht folgender mikroskopische Befund. Wenn man die Sklera von Personen verschiedenen
Lebensalters untersucht, so findet man zunächst, dass die
Zahl der Bindegewebszellen mit dem fortschreitenden Alter abnimmt, eine Erscheinung, die besonders deutlich in die Augen tritt, wenn man z. B. eine Sklera aus dem
ersten oder zweiten Decennium untersucht und hiemit die
Sklera eines 70- oder 80jährigen Individuums vergleicht. Die
Abnahme der Zellen ist hiebei nicht überall eine gleichmässige; ich finde wenigstens, dass sie in den inneren Schichten
der Sklera am deutlichsten hervortritt. — Weiterhin beobachtet
man bei älteren Personen eine grössere Dichtigkeit im
Gefüge der Sklera. Es sind nämlich die Bindegewebsbündel
mehr zusammengeschoben; sie liegen dichter aneinander und
verlaufen mehr gestreckt, während in demselben Masse die
Spalträume des Bindegewebes sich verkleinern und verengern.
Aber in den einzelnen Bündeln selbst scheinen die Fibrillen

dichter an einander gedrängt zu sein, wenigstens deutet darauf der Umstand, dass die Bündel mehr homogen und stärker lichtbrechend sind als bei jungen Individuen. Durch das innigere Aneinanderrücken der Skleralfaserbündel und die Verkleinerung der Spalträume müssen begreiflicherweise die in letzteren enthaltenen Bindegewebszellen comprimirt und abgeplattet werden; aus diesem Grunde erscheinen dieselben, respective ihre Kerne in Profilansichten auffallend schmäler, oder sie entziehen sich schliesslich ganz der Wahrnehmung.

„Was die Gefässcanäle der Sklera betrifft, so sind bekanntlich in denselben die Blutgefässe durch eine deutlich wahrnehmbare Schicht lockeren Bindegewebes mit dem angrenzenden Skleralgewebe verbunden. Auch diese Schicht verschmälert sich in der Sklera alter Leute, und die Blutgefässe berühren dann fast unmittelbar das Skleralgewebe.

„All' die angeführten mikroskopischen Veränderungen erklären ganz gut die für das Gefühl wahrnehmbare Rigidität und Härte der Sklera, respective des Bulbus alter Personen. Ebenso liegt es auf der Hand, dass diese Veränderungen auch auf die Blutcirculation von Einfluss sind, indem sie den Rückfluss des venösen Blutes durch die Vortexvenen erschweren und hemmen können."

Schliesslich hat mir Weichselbaum über den mikroskopischen Befund eines glaucomatösen Bulbus, welchen ich einem Manne von 55 Jahren vor einigen Jahren in der Privatpraxis enucleirt und in Müller'sche Flüssigkeit gelegt hatte, folgende Notiz mitgetheilt. (Vide Taf. IV.)

„Am Sehnerveneintritte besteht eine ganz seichte muldenförmige Excavation, deren Grund nur etwas hinter die Chorioidea reicht. Zwischen demselben und der Lamina cribrosa befindet sich noch eine schmale Lage von comprimirten Sehnervenfasern. Die Aeste der Arteria centralis liegen zwar dem Rande der Chorioidea noch nicht an, sind aber demselben schon sehr nahe gerückt. Die Lamina cribrosa ist bedeutend schmäler (von vorn nach hinten) und in Folge der Zusammenschiebung ihrer einzelnen Strata auch viel dichter. Von ihrem vorderen Antheile, der bekanntlich mit der Chorioidea zusammenhängt und aus schwächeren Balken besteht, ist nichts mehr sichtbar. Zugleich bildet die Lamina cribrosa eine ganz schwach convexe Krümmung nach rückwärts. In der nächsten Umgebung der Vena centralis findet man eine sehr dichte Anhäufung von Rundzellen, während in der Umgebung der Arteria centralis und im übrigen Sehnerven keine Veränderungen wahrzunehmen sind.

„Retina. In derselben sind nicht nur die Venen von Blut erfüllt, sondern in der Umgebung einzelner davon finden sich auch kleine Blutextravasate. Die kleineren Arterienäste sind nicht sichtbar.

„Chorioidea. In dieser sind die meisten Wirbelvenen strotzend mit Blut gefüllt und auch die Lumina der leeren Venen klaffend.

„Die Processus ciliares, der Musculus ciliaris und die Iris sind atrophisch. Die Ciliarfortsätze bestehen aus einem derben, sehr zellenarmen und fast homogenen Bindegewebe. Die Iris ist stellenweise bedeutend verdünnt, auch ihre Substanz, besonders in den centralen Partien, bildet ein homogenes, äusserst zellenarmes Gewebe. Die Wandung ihrer Blutgefässe ist verdickt und das Lumen verengert; mehrere davon sind bereits obliterirt. — Der Ciliarmuskel ist bedeutend schmäler, seine Muskelbündel dünn und durch ein zellenarmes Bindegewebe auseinander gedrängt.

„Sklera. In der vorderen Hälfte des Bulbus findet man in der äusseren Schicht der Sklera und im episkleralen Bindegewebe die Venae ciliares strotzend mit Blut gefüllt und in ihrer Umgebung Anhäufungen von Rundzellen, die stellenweise sogar sehr reichlich und ausgedehnt sind. Auch in der Conjunctiva sind die kleinen Venenäste mit Blut gefüllt und von Rundzellenanhäufungen umgeben. Vom Hornhautrande erstrecken sich noch ziemlich weit in die Hornhaut hinein kleine Blutgefässe, die in den vordersten Schichten der Hornhaut liegen und ebenfalls von ausgewanderten weissen Blutkörperchen umgeben sind. Ferner sind in den vorderen Lagen der Hornhaut die Hornhautkörperchen in Trübung begriffen. Um

den Schlemm'schen Canal befindet sich ebenfalls eine Anhäufung von Rundzellen."

Anmerkung. Dieses Auge war nach einem wiederholten entzündlichen Anfalle mit Drucksteigerung und heftigen Schmerzen enucleirt worden,
weil die Chancen für die Iridektomie vermöge des Aussehens der Iris wenig
günstig waren, und weil nach den Angaben des Kranken der Verdacht auf
Bestand eines intraoculären Tumors nahegelegt war. — Von fettiger Degeneration der Sklera wurde in diesem Falle nichts vorgefunden.

Welchen Antheil möglicherweise etwa senile Veränderungen in
den Gefässen, namentlich in den Arterien, an der Circulationsstörung in
der Chorioidea nehmen, darüber liegen noch keine genaueren Untersuchungen
vor. Selbst beim Glaucoma haemorrhagicum sind nur die Arterien der Netzhaut untersucht worden.

Als ich im vorigen Herbste den Entschluss fasste, meine Ansichten
über das Glaucom systematisch geordnet zusammenzustellen, hoffte ich dieselben durch Sectionsbefunde weiter begründen zu können. Leider war mir
das nur in sehr geringem Masse möglich; dennoch entschloss ich mich, das
Gebotene trotz mancher Lücken schon jetzt zu publiciren, theils um Andere
zu weiteren Forschungen in analoger Weise anzuregen, theils aber deshalb,
weil — nach den diesjährigen Erfahrungen zu schliessen — zur Acquirirung
des gewünschten Materiales wohl mehr Zeit erforderlich sein dürfte, als mir
wahrscheinlich noch zugemessen ist. Sollte es mir vergönnt sein, glaucomatöse Augen kurze Zeit nach Beginn des Leidens oder nach günstigem
Erfolge einer Iridektomie möglichst frisch zur anatomischen Untersuchung
zu erhalten, so werde ich nicht ermangeln, das Ergebniss als Nachtrag zu
publiciren.

V. Abschnitt.

Iridektomie.

Auf die Frage, in welcher Weise die Iridektomie gegen den glaucomatösen Process wirke, vermag ich nur mit einer allgemeinen Andeutung zu antworten. Die günstige Wirkung der Iridektomie kann nicht auf die Herabsetzung des gesteigerten Druckes an und für sich, nicht auf die Wiederherstellung der Kammerbucht, nicht auf eine Veränderung des Skleralgewebes und Einschaltung einer Narbe (Filtrationsnarbe) u. dgl. bezogen werden; sie muss offenbar auf Einleitung günstigerer Circulationsverhältnisse im vorderen Abschnitt des Uvealtractus zurückgeführt werden, vermöge welcher dann auch die Nutritionsverhältnisse im Glaskörper zur Norm zurückkehren können; ohne diese Normalisirung kann wohl von Verbesserung oder Erhaltung der Netzhautfunction nicht die Rede sein. Die anatomischen Veränderungen, durch welche die Wiederherstellung der freien Circulation im Uvealtractus vermittelt wird, sind zwar bereits vor mehr als 12 Jahren von Exner angegeben und erörtert, aber gleich der Theorie von Rydel nicht gebührend beachtet worden.

Die Iridektomie, von Beer zunächst nur wegen dioptrischer Hindernisse eingeführt, endlich von Graefe auch zu ganz anderen Zwecken verwendet, bietet uns sowohl bei ihrer Vornahme, als während und nach der Wundheilung sehr beachtenswerthe Erscheinungen dar, welche je nach dem Zustande, welcher die Operation indicirt, sehr verschieden und wohl geeignet sind, uns einige Andeutungen über die Art ihres Eingreifens in das Leben, in die Oekonomie des Auges zu geben.

Betrachten wir zunächst, welche Veränderungen während des Lebens an einem normalen Auge nach einer regelrechten Iridektomie zum Vorschein kommen. Hierüber liegen zahlreiche Beobachtungen vor, seit Graefe die Iridektomie bei Schichtstaar in die Praxis eingeführt hat. Bei der Operation selbst ist gegenüber anderen Fällen, welche die Iridektomie erheischen, namentlich gegenüber dem Glaucom hervorzuheben, dass man (bei Vermeidung gleichzeitiger Iridodialysis) kaum je einen Bluterguss in der Vorderkammer bekommt, und dass, falls nicht Iriseinklemmung in der Wunde gleich zurückblieb oder nachträglich durch gewaltsame Wundsprengung herbeigeführt wurde, die Wunde in einigen Stunden verklebt ist; das Auge zeigt nach wenigen Tagen nebst dem Kolobom und der flachen Narbe kaum eine Spur von der Verwundung. War Hyphaema eingetreten, so wird es binnen 24, längstens 48 Stunden resorbirt. Aber auch später, selbst nach mehr als 25 Jahren, konnte ich an solchen glatt operirten und geheilten Fällen keine Spur einer auf die Operation beziehbaren Veränderung auffinden. Die Spannung bleibt intact.

Iridektomirt man wegen einzelner Synechien, weil man guten Grund hat, in ihnen allein die Ursache wiederholter Anfälle von Iritis zu erkennen, so verhalten sich solche Augen durchschnittlich bei und nach der Operation wie normale, wenngleich mitunter noch Recidive von Entzündung, allerdings nicht in der Iris, sondern im Corpus ciliare, vorkommen; auch hier bleibt die Spannung normal.

Machen wir die Iridektomie ganz wie bei Glaucom an Augen mit ektatischer Hornhautnarbe, Iriseinheilung und consecutiver Drucksteigerung, so erhalten wir in der Mehrzahl der Fälle Sistirung der Gesichtsfeldeinschränkung, Rückbildung der Ektasie und Normalisirung der Spannung, doch ist auf den einen wie auf den anderen Erfolg nicht mit Sicherheit zu rechnen, selbst unter scheinbar ganz gleichen günstigen Aussichten; es ist eben schwer zu beurtheilen, welchen Einfluss die Zerrung der theilweise an der Hornhaut haftenden

Iris, selbst nach correcter Iridektomie, noch haben werde, abgesehen davon, dass in manchen Fällen auch eine Lageveränderung der Linse den Effect der Iridektomie zu vereiteln
im Stande sein mag. Wurde Entspannung (und Abflachung
der Ektasie) erzielt, dann verliert sich auch die Erweiterung
der episkleralen Venen und können solche Augen fortan unverändert bleiben. In solchen Fällen erhalten wir nach correcter
Iridektomie nur selten Hyphaema und, ungestörte Wundheilung
vorausgesetzt, kaum je Wiederverschluss des Kolobom.

Unternehmen wir die Iridektomie wegen Drucksteigerung in Folge von Seclusio pupillae zu einer Zeit, wo
Lichtschein und Projection noch Aussicht auf Erfolg gewähren,
so können wir auf diesen mit Sicherheit rechnen, sofern es
gelingt, auch die etwa vorhandene Exsudatschwarte hinter der
Iris zu durchbrechen, die Communication zwischen der hinteren
und vorderen Kammer wieder herzustellen. Die Iris, an ihrer
Peripherie ringsum oder grösstentheils mit der Cornea verklebt, ist manchmal schon am nächsten Tage in ihre normale
Lage zurückgekehrt, die vordere Kammer gewinnt mehr und
mehr an Tiefe, früher sichtbare Gefässchen in der Iris verschwinden, Farbe und Faserung der Iris nähern sich mehr
und mehr der Norm; Extravasate in der Kammer verschwinden durchschnittlich erst nach mehreren Tagen und scheinen
öfters den Anstoss zur Wiederverlöthung der erhaltenen Lücke
des Diaphragma zwischen Vorder- und Hinterkammer zu
geben. Mitunter ist eine mehr- (fünf- bis sechs-) malige
Wiederholung der Excision nöthig, bevor man eine bleibende
Lücke für den Lichteinfall erhält.

Anmerkung. In diesen wie auch in anderweitig bedingten Fällen
von Drucksteigerung (bei dem sogenannten Secundärglaucom) erfolgt die
Einschränkung des Gesichtsfeldes gleichfalls in der Regel von der Nasenseite
her. Dieser Umstand scheint mir für die Frage, wodurch die Erblindung
bewirkt werde, ob durch Compression der Sehnervenfasern oder durch Behinderung der Circulation in der Netzhaut, sehr beachtenswerth zu sein. Die
Excavation ist, wie Graefe nachgewiesen hat, in solchen Fällen so gut wie
die von mir bei ektatischen Hornhautnarben constatirte Spannungszunahme
sicher vorhanden, das Sehnervenleiden sicher consecutiv; der Annahme, dass
die mangelhafte Versorgung der Netzhaut mit arteriellem Blute zur Erblindung führe, steht auch in diesen Fällen nichts entgegen.

Sehr beachtenswerth ist die Thatsache, dass, wenn sich Pupillarverschluss nach einer Extractio cataractae entwickelt, sei es, weil — nach der Graefe'schen Methode — die Kolobomschenkel, oben in der Narbe engagirt, die mehr weniger freie Pupille aufwärts zerren, sei es, weil Linsen- und Kapselreste den Anstoss zum Pupillarverschluss gaben, all-mälig die nach Beseitigung der Linse abnorm tief gewordene Kammerbucht abgeflacht, endlich ganz oder theilweise ver-legt und dann die Iris durchaus oder stellenweise bucklich vorgetrieben wird. Auch hier ist es wohl Zerrung an der Iris, welche auf die Circulation in Corpus ciliare einwirkt und nicht nur zu vermehrter Transsudation in den Glaskörper, son-dern oft auch zu Verflüssigung des Glaskörpers führt. Wird ein solches Diaphragma mittelst Iridotomie durchbrochen, so erscheint die ausfliessende Glaskörperportion nicht nur oft wässerig, kaum etwas klebrig, sondern auch gelblich oder röth-lichgelb tingirt. Auch in solchen Fällen wird nicht selten durch Iridektomie mit später nachgeschickter Disscission oder auch sofort durch Iridotomie noch ein ganz befriedigender Zustand erzielt und kann namentlich die Füllung des Bulbus nach mehreren Wochen oder Monaten der normalen gleich werden. Die Kammerbucht kann also auch bei Mangel der Linse und bei Abziehung der Firsten der Ciliarfortsätze gegen das schrumpfende Diaphragma, welches die linsenlose Kapsel zwischen Humor aqueus und Humor vitreus bildet, verlegt werden.

Eine der wichtigsten, aber bei unserer Frage bisher, wie mir scheint, nicht in Rechnung gebrachte Thatsache ist die, dass Bulbi, welche in Folge chronischer Iridoky-klitis bereits weicher geworden sind, nach der Iri-dektomie wieder die normale Füllung, respective Spannung erlangen, ausserdem aber unrettbar der Atrophie verfallen. „Ich habe in meiner Klinik eine grosse Reihe von Fällen in dieser Weise behandelt, bei welchen der Bulbus schon sehr weich und die Abplattungen in der Gegend der geraden Augenmuskeln schon sehr entwickelt waren, und bei welchen schliesslich eine vollkommene Ansfüllung zu Stande

kam." [1]) Auch in solchen Fällen findet man nicht nur die
Kammer eng, sondern auch die Peripherie der Iris ringsum
oder grossentheils an die Cornea angelegt; auch hier werden
erweiterte Venen in der Iris alsbald unsichtbar, und auch in
diesen Fällen restituirt sich sofort nach dem Wundschlusse
die vordere Kammer vollständig und kehrt allmälig auch die
Füllung und Form des Bulbus wieder, wenn überhaupt die
Atrophie desselben noch nicht eine gewisse Grenze überschritten hat (Lichtempfindung und Projection nicht bereits
auf Netzhautabhebung hindeuten [2]). In diesen Fällen können
wir bezüglich des Heilungsvorganges nicht wie in den vorher
besprochenen auf Herabsetzung des intraoculären Druckes
recurriren; die Rückkehr normaler Füllung des Bulbus deutet
auf Veränderung der Nutritions-, respective der Circulationsverhältnisse in dem Corpus ciliare, der Matrix des Glaskörpers
(und wohl auch des Kammerwassers) hin. Es handelt sich bei
diesen wie bei den in den beiden vorhergehenden Absätzen
besprochenen Fällen durchschnittlich um eine chronische Entzündung in dem vorderen Abschnitte des Uvealtractus, bei
welcher die ausgeschiedenen Stoffe mehr weniger reich sind
an plastischen Elementen, worauf schon der häufig wieder-
erfolgende Verschluss der durch Iridektomie erzielten Lücke
hindeutet.

Anmerkung. Ich habe zu wiederholten Malen darauf hingewiesen,
zuletzt in meiner Operationslehre, dass wir die Expulsion der Linse bei der
Beer'schen Extraction nicht einer gewissen Elasticität der Sklera zuzuschreiben
haben, vermöge welcher sich diese in sich zusammenziehe und die Linse
vorwärts dränge. An Augen, welche bereits eine Abplattung zeigten und
nach der Iridektomie wieder die frühere Grösse erlangen, müsste dieselbe
supponirte Kraft, welche den Bulbus zusammengezogen haben sollte, wieder
durch die allmälige Füllung des Auges überwunden werden. Die in Rede
stehenden Fälle enden, wenn die Iridektomie nicht oder zu spät gemacht
wird, mit Atrophia bulbi; die Section zeigt Abhebung der Netzhaut durch
den in sich selbst zusammenschrumpfenden Glaskörper.

Anders gestalten sich die Verhältnisse bei der Glaucom-
iridektomie sowohl bei als nach der Operation. Auch nach

[1]) Graefe in A. f. O., II. b, pag. 249.
[2]) Arlt. Operationslehre in Graefe-Sämisch, III, pag. 351.

regelrechter Excision erhalten wir relativ öfter als in den eben
genannten Kategorien Bluterguss in der vorderen Kammer,
sogleich oder bei den nächsten Visiten, und dessen Resorption
lässt oft viele Tage auf sich warten. Man kann ferner oft
keine äussere Veranlassung zu einem Hyphaema finden,
welches sich erst nach einem oder einigen Tagen eingestellt
hat. Die Wunde muss wohl spontan aufgegangen sein, wenn
man auch die Kammer wieder hergestellt findet. In nicht
seltenen Fällen erfolgt, auch wenn man nichts von der Iris in
der Wunde findet, der Wundschluss erst nach mehreren Tagen;
in anderen deutet Einlagerung einer Irispartie in die Wund-
winkel darauf, dass die Wunde wieder aufgegangen war; in
anderen endlich entwickelt sich allmälig, ohne dass man deutliche Herausdrängung einer Partie Iris sieht, eine cystoide
Vernarbung, allem Anscheine nach deshalb, weil noch einige
Zeit nach der Iridektomie beständig oder zeitweilig erhöhter
intraoculärer Druck obwaltete, welcher die noch nicht fest ver-
klebten Corneoscleralwundränder auseinander drängte, während
das bereits vernarbte episclerale Bindegewebe blos gedehnt,
nicht gesprengt wurde. Einheilung von Iris in einem oder in
beiden Wundwinkeln, sowie cystoide Narbenbildung schliessen
allerdings die heilsame Wirkung der Iridektomie bei Glaucom
nicht unbedingt aus, machen aber nicht selten eine Iridektomie an der entgegengesetzten Seite oder unmittelbar neben
dem bereits bestehenden Kolobom (mit Excision des gegen die
Narbe gezerrten Kolobomschenkels) nothwendig. Wenn in
einem oder dem anderen Falle nach incorrecter Iridektomie
oder nach gestörter Wundheilung dennoch Sistirung des glaucomatösen Processes eintritt, so darf uns das nicht verleiten zu
einem laxen Vorgange bei und nach der Operation. Die meiste
Sicherheit gegen Wiederkehr der Drucksteigerung gewähren
unstreitig flache, später dem freien Auge kaum sichtbare Nar-
ben, in deren Bereiche die Kolobomschenkel in die Tiefe, nach
der Wurzel oder Anheftungsstelle der Iris (im normalen Zustande) hinziehen.

Zur Beurtheilung der Veränderungen, welche in glaucomatösen Augen bei und nach der Iridektomie vor sich gehen,

müssen noch zwei Thatsachen ins Auge gefasst werden. Die
eine bezieht sich auf die Ecchymosen, welche man nach
der Iridektomie in der Netzhaut ziemlich oft zu sehen bekommt,
die andere auf den Verlust des Auges, wenn man an einem
glaucomatösen Auge die Extraction der Linse vornimmt.

Die Gefässberstung kann wohl nicht auf die plötzliche
Herabsetzung des auf den Gefässen bestandenen Druckes allein
bezogen werden; man muss annehmen, dass eine gewisse Disposition dazu vorhanden war, sei es nun die stärkere Füllung
der Venen, die wir an der Netzhaut deutlich sehen, sei es
eine gewisse Rigidität (Brüchigkeit) der arteriellen Gefässe,
welche ja bei älteren Individuen nichts Seltenes ist. Schweigger
(Sammlung klinischer Vorträge von Volkmann) erklärt die Netz-
hautblutung dadurch, dass einzelne Gefässbezirke der Netzhaut
auf der Höhe des Druckstadiums von der Circulation ausge-
schlossen gewesen sind, während in den übrigen der Kreislauf
fortbestand. „Wenn nun bei der Operation der intraoculäre
Druck plötzlich sinkt, so strömt das Blut in die vorher blutleeren Gefässe plötzlich ein und diese zerreissen unter diesen
Umständen, wie Cohnheim experimentell nachgewiesen hat."[1]
Bei dem sogenannten Glaucoma haemorrhagicum sind die
Ecchymosen in der Netzhaut schon sehr frühzeitig, bei oder kurz
nach Beginn der Krankheit, vorhanden. Hier darf, nach zahlreichen anatomischen Befunden zu schliessen, eine atheromatöse Veränderung der Netzhautarterien als Ursache der Berstung
angesehen werden. In den zum Glück seltenen Fällen von
Glaucom, in welchem der Bulbus unmittelbar nach der Punction und auch nach der Iridektomie hart bleibt, die Kammer
sich nicht mehr herstellt und das Gesicht unrettbar verloren
ist (Glaucoma malignum), lässt sich der ganze Vorgang kaum
anders erklären, als dass in dem Momente der Kammerwasser-
entleerung eine massenhafte Blutanstretung in dem hinteren
Augenraume (zwischen Ader- und Lederhaut?) erfolgt sei.
Ich habe diesen traurigen Ausgang bei der kaum 50 Jahre
alten Frau eines Collegen auf beiden Augen erhalten, obwohl

---

[1] Nagel's Jahresbericht für 1877.

ich das circa ein Jahr später erkrankte zweite Auge frühzeitig und, in Erinnerung an den Verlauf auf dem ersten Auge, mit aller möglichen Vorsicht iridektomirt hatte.

Anmerkung. Nebenbei will ich hier erwähnen, dass nicht gar so selten Fälle vorkommen, in denen die Cornea gleich bei der Punction oder doch beim Einführen der Irispincette collabirt, was an und für sich prognostisch gleichgiltig zu sein scheint. Dieses Collabiren der Hornhaut habe ich auch bei Augen gesehen, deren Spannung vor der Iridektomie unzweifelhaft erhöht gewesen war.

Wenn man an einem Auge mit Cataracta das gleichzeitige Vorhandensein von Glaucoma übersieht, vielleicht weil Lichtschein und Projection sich so wie bei einfacher Cataracta verhalten, so kann Einem leicht passiren, was unseren Vorfahren bei Vornahme einer Extractio cataractae glaucomatosae oder bei der Abtragung eines Hornhautstaphyloms an einem durch Drucksteigerung amaurotisch gewordenen Auge widerfuhr, nämlich, dass man gleich nach dem Hornhautschnitte oder einige Stunden darauf eine heftige Blutung aus dem Auge bekommt, indem Gefässe an der Aussenfläche der Chorioidea bersten und das zwischen Sklera und Chorioidea ergossene Blut die Chorioidea sammt Allem, was davor sich befindet, zur Oeffnung herausdrängt und den Bulbus schliesslich auch der Form nach zerstört. Seit wir nun im Stande sind, Glaucom, welches in einem cataractösen Auge auftritt, auch dann, wenn es nicht in das zweite Stadium eingetreten ist, mit Sicherheit zu erkennen oder doch mit gutem Grunde als wahrscheinlich anzunehmen, vermögen wir auch solche Augen vor dem sicheren Untergange zu schützen dadurch, dass wir der Extraction eine Iridektomie vorausgehen lassen (mindestens sechs Wochen). Auch diese Errungenschaft haben wir Graefe zu verdanken. Die Thatsache selbst wüsste ich nicht besser zu erklären als durch die Annahme, dass durch die Iridektomie in einem solchen Auge allerdings der auf den Binnengefässen lastende Druck, welcher sich übrigens nicht immer mit Bestimmtheit nachweisen lässt, herabgesetzt (normalisirt) wird, zugleich aber auch dadurch, dass die Circulation in der Choriocapillaris freier wird, demnach ein neuerliches, etwa von den vasomotorischen Nerven aus angeregtes Circu-

lationshinderniss leicht unschädlich gemacht (wieder ausge-
glichen) wird.

In welcher Weise nun die Circulation in den Capillaren
des vorderen Abschnittes des Uvealtractus nach der Iridektomie erleichtert werde, dafür kenne ich noch keine bessere Erklärung als die von Exner[1]) gegebene. Bei dem innigen, direc-
ten Zusammenhange der Circulation in der Iris mit der in den
Ciliarfortsätzen lässt es sich sehr wohl denken, dass durch die
Ausschaltung eines Irisstückes und durch Vermittlung des
Ueberganges von Blut aus den Arterien in die Venen (ohne
Behinderung durch ein enges Capillargefässnetz) die Circulation ringsum freier, leichter werde, nicht nur in der Iris, sondern auch im Corpus ciliare.

Um dem Leser das Aufsuchen und Nachschlagen der Originalarbeit
zu ersparen, will ich die wichtigsten Stellen derselben hier anführen. „Man
muss als feststehende Thatsache betrachten, dass der stationäre intraoculäre
Druck abhängig ist von dem mittleren Gefässdrucke im Auge, dass sein
Steigen und Sinken bedingt ist durch Secretion und Resorption von Flüssigkeit durch die Gefässwände, und dass diese wieder von der Grösse der
Differenz zwischen intra- und extraoculärem Druck abhänge. — Durch Beobachtungen an injicirten Albinoaugen (Hunde, Kaninchen) nach zwei bis
vier Wochen vorausgeschickter Iridektomie habe ich mich überzeugt, dass sich
fast immer directe Anastomosen nachweisen lassen, welche nach auswärts
vom excidirten Irisstücke Irisarterien und Irisvenen verbinden." „Wird
nun, wie dies bei der Iridektomie am Menschen der Fall ist, pupillarwärts
vom Circulus arteriosus iridis major die Iris abgeschnitten, dann bleiben Ar-
terienstümpfe und Venenstümpfe stehen, der grösste Theil ihrer Verzweigungen
und des ihnen gehörigen Capillarnetzes aber ist entfernt. Das Blut, das in
die Arterien eindringt und dem der normale Weg verschlossen ist, bildet
sich nun, wahrscheinlich aus früher dagewesenen engen Gefässen, weite Anastomosen aus, so dass das arterielle Blut, ohne ein eigentliches
Capillargebiet zu passiren, allsogleich in das Bett der Venen
gelangt." „An Präparaten von der hiesigen Augenklinik (von Augen nach
exacter Iridektomie und mit constatirter druckherabsetzender Wirkung) war
zu ersehen, dass der übrigbleibende periphere Irisrand viel breiter ist, als
man gewöhnlich anzunehmen scheint, und dass Platz im Ueberfluss da ist
zur Ausbildung von noch in der Iris gelegenen Anastomosen. Diese selbst
konnte ich leider am Menschen nicht unmittelbar beobachten, da mir nur
mikroskopische Präparate von uninjicirten und meridional geschnittenen Augen
zu Gebote standen, doch sah ich die Durchschnitte grösserer Gefässe so hart
am Narbenrande, dass ich dieselben kaum für etwas Anderes als für Anastomosen ansehen kann." „Gewiss ist, dass am iridektomirten Auge die

[1]) Wiener medicinische Jahrbücher, 1873

dünnen Gefässe weder jenen weiter geschlängelten Verlauf bis zum Pupillarrande, noch die Auflösung an demselben in das bekannte überaus feine Capillarnetz zu erleiden haben."

„Wenn man nun bedenkt, dass von Darcy durch Rechnung, von Girard, Hagen und Poiseuille durch den Versuch gefunden wurde, dass die Widerstände, welche Röhren von geringerer Dicke als $1/2^{mm}$ der durchströmenden Flüssigkeit entgegensetzen, proportional ihrer Länge und umgekehrt proportional den Quadraten ihrer Radien sind, und wenn man ferner bedenkt, dass der Seitendruck in irgend einem Röhrenquerschnitt bedingt ist durch die Grösse der Widerstände, welche die Flüssigkeit hinter demselben noch zu überwältigen hat, so wird man leicht einsehen, welche Wirkung auf den Druck innerhalb einer Irisarterie das Wegfallen des langen und engen Capillargebietes und die Substitution desselben durch weite Anastomosen ausüben muss." „Aber nicht nur der Druck in dem Stumpf der Irisarterie, welche das excidirte Stück mit Blut versorgt hatte, muss sinken, sondern auch der Druck im ganzen Circulus arteriosus iridis major, aus welchem sie entspringt, und somit in sämmtlichen Irisarterien, die nun alle ihr Blut unter geringerem Drucke aus dem Circulus empfangen. Da endlich der Circulus arteriosus iridis major durch die Rami recurrentes auch mit den arteriellen Gefässen der Chorioidea in Verbindung steht, so muss auch in den arteriellen Gefässen der Chorioidea der Druck sinken, wenn auch in geringerem Grade. Da der intraoculäre Druck direct von dem durchschnittlichen Gefässdruck innerhalb des Bulbus abhängt und dieser in der Iris beträchtlich, in der Chorioidea gleichfalls, wenn auch weniger, herabgesetzt wird, so erklärt sich auf diese Weise die Wirkung der Iridektomie. Das Anlegen eines breiten Koloboms erhöht die Wahrscheinlichkeit der Anastomosenbildung überhaupt und der Anzahl der Anastomosen insbesondere; die Tiefe des Koloboms wird dadurch von Wichtigkeit, dass die Wirkung um so grösser sein muss, je mehr von den engen Gefässen weggenommen, je dicker die gebildeten Anastomosen sind. Wird an der Stelle des ausgeschnittenen Sectors die Iris losgelöst, so wird hier der Stromlauf im Circulus arteriosus iridis major unterbrochen, und die Folge davon muss sein, dass, was immer für Druckverhältnisse sich einstellen mögen, sie nicht ihre Wirkung auf den übrigen Theil der Iris- und Chorioidealgefässe ausüben können, da ja das vermittelnde Gefäss als solches nicht mehr existirt. Der an irgend einer Stelle unterbrochene Circulus hat seine Bedeutung als Regulator des Irisdruckes verloren und verhält sich zu den Irisarterien nur mehr wie irgend eine grössere zu ihren kleineren Aesten." „Bei der Iridodialysis wird gewiss der Strom im Circulus arteriosus iridis unterbrochen. Totale Entfernung der Iris durch Dialysis kann den Druck nicht herabsetzen, eher steigern."

Wenn Stellwag (Abhandlungen, pag. 211) sagt, Alt's anatomische Untersuchungen iridektomirter Thier- und Menschenaugen haben den von Exner vorausgesetzten Verheilungsmodus der Schnittränder als ganz irrthümlich herausgestellt", so kann ich es dem Leser ruhig überlassen, Exner's citirte Arbeit mit der von Alt[1]) zu vergleichen. Alt hat ein ein-

---

[1]) A. f. A. und O. von Knapp, IV. b, pag. 239.

ziges Menschenauge mikroskopisch untersucht, und dieses liess, wie aus der
ganzen Beschreibung hervorgeht, bezüglich der in Rede stehenden Frage
schon a priori keinen Aufschluss erwarten. Alt hat an den iridektomirten
Kaninchenaugen keine Injectionen der Gefässe vorgenommen, behauptete
aber doch, „er sei bezüglich des Verhaltens der Gefässe nie im Stande gewesen etwas zu sehen, was an die von Exner beschriebene directe Ueber-
leitung des Blutes aus den Arterien in die Venen erinnert hätte.“ So sicher
scheint er indess doch seiner Sache nicht gewesen zu sein, denn er fügt
hinzu: „Freilich gilt es, bei der Untersuchung über das Verhalten der Gefässe die grösste Vorsicht zu gebrauchen, da eine Täuschung nur allzuleicht
möglich ist und dadurch bedingt wird, dass (bei der mikroskopischen Untersuchung) der Schnitt nicht das Ende, sondern irgend eine der unzähligen
Windungen und Schlängelungen der Irisgefässe getroffen hat, was natürlich
die mannigfachsten Bilder bedingt.“

Ein Blick auf den Durchschnitt des Auges (Taf. I) genügt, begreiflich zu machen, dass bei jeder regelrechten Iridektomie an der Basis des Koloboms ein mindestens 1ᵐᵐ breiter
Streifen von Iris am Corpus ciliare sitzen bleiben muss. Denn
wenn auch die Wunde in der Descemet'schen Haut gerade
vor der Iriswurzel (und nicht wie gewöhnlich etwas centralwärts davon) zu liegen käme, und wenn auch die Wunde senkrecht durch die Cornea ginge (was beim Lanzenmesserstich
nur in dem mittleren Theile der Wunde möglich ist), so kann
doch die, wenn auch mit der Pincette stramm angezogene
Irispartie nur vor der Cornea abgeschnitten, und muss darauf
gerechnet werden, dass sich der beim Abschneiden im Wundcanale befindliche Irisstreifen nachher aus der Wunde zurück-
ziehe und am Corpus ciliare haften bleibe. Wenn behauptet
wird, man habe an gut, d. h. ohne Iridodialysis iridektomirten
Augen im Cadaver keinen Irisstumpf im Kolobome vorgefunden, so darf an der Genauigkeit der mikroskopischen Untersuchung solcher Augen wohl gezweifelt werden, da selbst ein
später atrophisch gewordenes Rudiment sich auffinden lassen
müsste. Exner's Behauptung, dass man an regelrecht iridektomirten Augen einen Irisstumpf vorfinde, und zwar etwas
breiter, als man gewöhnlich angenommen habe, bleibt also
aufrecht. Die Beobachtung, dass eine Iridektomie, bei welcher
dem Operateur das Malheur begegnete, dass er Iridodialysis
bewirkte, indem er beim Vorschieben der Lanze die aufge-
spiesste Iris centralwärts verschob, oder dass er die Iris des-

halb ablöste, weil er zu stark anzog oder weil der Bulbus eine unvermuthete (nicht rechtzeitig ausparirte) Wendung machte, durchschnittlich erfolglos sei, hatte ich auf meiner Klinik (nach eigener und fremder Erfahrung) wiederholt gemacht. Sie steht mit Exner's Theorie vollkommen im Einklange. Auch was Exner bezüglich der Breite des Koloboms sagt, stimmt durchaus mit meiner Erfahrung hierüber überein. Eine Breite der Kolobombasis von 3—4ᵐᵐ ist durchschnittlich als genügend zu bezeichnen. Wird der Hornhautschnitt so geführt, dass er die Membrana Descemeti nicht vor der Iriswurzel (oder nächst derselben) trifft, sondern viel weiter centralwärts, so kann die Iris nicht hinreichend peripher excidirt werden. Kann nach solch' fehlerhafter Incision blos der Sphinkter ausgeschnitten werden, so erweist sich die Iridektomie als nutzlos; wird aber der mit der Pincette gefasste Sphinkter stärker hervorgezogen, so erhält man eher eine Iridodialysis als eine richtige Excision. Del Monte (Nagel's Jahresbericht für 1871) theilte einen Fall mit, in welchem bei entzündlichem Glaucom durch die Iridektomie nur ein schmales Stück der Irisperipherie excidirt wurde, der Sphinkter stehen blieb und dennoch dauernde Entspannung des Bulbus eintrat. Verlegt man den Einstich weit in die Sklera, um auch bei minder steil aufgesetzter Lanze die Descemeti doch nahe an der Iriswurzel zu durchtrennen, so erhält die Länge der Wunde (in der Richtung zwischen der Conjunctiva und der Descemet'schen Membran) eine ungebührliche Grösse; dann bleibt der Irisstumpf, auch wenn man ihn knapp am Bulbus abschneidet, leicht im Wundcanale stecken, indem er sich nicht vollständig bis in die Kammer zurückzieht. — Auch eine technisch tadellos ausgeführte Iridektomie bleibt erfolglos, wenn die Iris an der excidirten Stelle ein gewisses Maass von Atrophie erlangt hat; sie kann erfolglos bleiben, wenn der Stumpf der Iris, oder wenn ein (beide) Schenkel des Koloboms gleich oder später (vor festem Wundschlusse) in die Wunde eingeklemmt, in der Narbe fixirt werden. Exner sah den Uebergang von Arterien in Venen nur in den wenigen Fällen, in welchen es gelungen war, correcte Wundheilung (ohne Einbeziehung in die Cornealnarbe) zu erhalten. Ich habe wiederholt erst dadurch bleibende Entspannung erzielt, dass ich da, wo ein oder wo beide Kolobomschenkel zur Narbe strichen, unmittelbar nebenan einen Einstich machte und das Kolobom durch Excision des fehlerhaft angehefteten Schenkels vergrösserte[1]).

Die Iridektomie, in diesem Sinne ausgeführt, kann zunächst nur in die Circulationsvorgänge des Uvealtractus, speciell der Iris und des Ciliarkörpers ändernd eingreifen; weiterhin, nachdem die Circulation hier freier geworden, können sich dann die Nutritionsverhältnisse, namentlich im Glaskörper, günstiger gestalten; erst wenn dies geschehen, kann bleibende Entlastung der Netzhautgefässe erfolgen und hiemit auch Besserung in der Netzhautfunction eintreten. Ein gewisser Percentsatz der Besserung des Sehens ist bei Augen, die sich im entzündlichen Stadium befinden, auf Klärung der Medien zu beziehen; diese erfolgt oft genug in Zeit von einigen Stunden oder Tagen auch ohne Iridektomie (von selbst nach Pilocarpin, Physostigmin). Die eigentliche Besserung als Endergebniss der Iridektomie erfolgt erst im Verlaufe einiger Tage oder Wochen nach und nach, und zwar in dem Maasse, als die Circulation in der Netzhaut mehr und mehr frei wird, so weit es überhaupt noch möglich ist. Wir dürfen nicht übersehen, dass die Circulation in den Netzhautgefässen nicht blos durch den abnormen Druck leidet, welcher auf ihnen vermöge der Ueberfüllung des Glaskörpers lastet, sondern auch — in den Fällen mit manifester Excavation — durch die zweifache Knickung, welcher die Centralgefässe in der excavirten Papilla unterliegen. Bei ampullenförmiger Excavation ist wenigstens die eine der Knickungen eine spitzwinklige. Dann ist es aber auch einleuchtend, dass der Einfluss der Iridektomie, sobald einmal tiefe Excavation eingetreten ist, bezüglich der Verbesserung der Netzhautfunction nur ein geringer sein kann. Die Iridektomie vermag nicht die Excavation, nicht die Knickung, nicht die oft ophthalmoskopisch

---

[1]) Vergl. Arlt, Operationslehre, in Graefe-Sämisch' Handbuch III.

nachweisbare Verdünnung der Arterien rückgängig zu machen. Eine lang fortbestehende Excavation hat auch die Capillaren der Lamina cribrosa unwegsam gemacht und deren Bindegewebsfasern in eine starre Form gebracht. Die an die Wandung und an den Grund der Grube angedrückten Centralgefässe sind, wie H. Müller gefunden hat, in dieser Lage endlich durch Adhäsionen fixirt. Welche Veränderungen in einer solchen Grube nach der Iridektomie (mit bleibender Entspannung des Bulbus) eintreten, lässt sich nur vermuthen, ist noch nicht anatomisch nachgewiesen. Man kann sich vorstellen, dass mit der bleibenden Entlastung der Grubenwandung von dem Glaskörperdrucke auch die Form der Grube eine Veränderung erleiden werde. Der Sehnerv ist nur im Bereiche der circa 0·5ᵐᵐ mächtigen Lamina cribrosa fest mit der Sklerotika verbunden, dahinter, also von der Stelle an, wo seine Fasern anfangen markhaltig zu sein, ist er ringsum durch den Intervaginalraum gewissermassen isolirt, nur durch Gefässe zwischen der inneren und äusseren Scheide lose an die Sklera angeheftet, daher innerhalb des hinteren (grösseren) Theiles der Oeffnung, welche die Sklera für ihn frei lässt, leicht verschiebbar. Bevor nicht etwa krankhafte Adhäsionen zwischen Pial- und Duralscheide eingetreten sind, könnte es, wie mir scheint, wohl geschehen, dass der noch unveränderte, nunmehr bis hinter die Rückfläche der Sklerotika verdrängte markhaltige Theil des Sehnerven vermöge seiner Prallheit von der Zeit an, wo das verschiebende Moment entfallen ist, plötzlich oder allmälig in seine ursprüngliche Lage zurückkehre. Diese Lageveränderung des Fundus der Grube dürfte wohl für die darin enthaltenen marklosen Nervenfasern und Gefässe nicht ohne weiter störenden Einfluss bleiben (vielleicht die Gefässknickung vermehren).

Eine Iridektomie, welche zu bleibender Entspannung des Bulbus führte, kann zwar ohne Einfluss auf die Function der Netzhaut bleiben, ja selbst zu rascherem Sinken derselben führen, aber sie verhindert — laut zahlreichen Beobachtungen — die Wiederkehr entzündlicher Anfälle selbst in Fällen völliger Erblindung, falls sie überhaupt noch gehörig ausgeführt

werden konnte. Mir ist auch kein Fall bekannt, dass in
einem wegen Glaucoma simplex correct iridektomirten Auge,
selbst nachdem es trotz der Operation erblindet war, sich später
ein entzündlicher Glaucomanfall eingestellt hätte, was in Augen,
die an Glaucoma simplex erkrankten und nicht iridektomirt
wurden, bekanntlich nicht gar so selten vorkommt.

Die Wirkung der Iridektomie auf das Sehvermögen bleibt
aus bei Glaucoma fulminans, namentlich wenn die Operation
nicht sehr bald — einige Stunden nach dem Eintreten der Zufälle — vorgenommen werden kann. Die Ursache liegt sicherlich in der Ischämie. Die Wirkung, selbst bezüglich der Entspannung, bleibt aus in den Fällen von Glaucoma malignum;
diese lassen sich ihrer Natur nach nicht im vorhinein erkennen;
die Ursache liegt wahrscheinlich in Blutung aus den Cho-
rioidealvenen an der Aussenfläche der Chorioidea. Die Iridektomie ist fast immer in jeder Beziehung nutzlos bei Glaucoma haemorrhagicum vermöge der Berstung von Netzhautgefässen wegen atheromatöser Veränderung der Arterien. Sie
verliert an Sicherheit bezüglich der Erhaltung des Sehvermögens bei Glaucoma inflammatorium, wenn die Einschränkung des Gesichtsfeldes weiter herein, bis an den Fixirpunkt
oder gar noch darüber hinaus, vorgeschritten ist; dann ist
auch die Excavation bereits tiefer geworden, sei es wegen
wiederholter Anfälle, sei es wegen Ablauf längerer Zeit seit
dem einen Anfalle. Wenngleich die Excavation Drucksteige-
gerung als den einen Factor voraussetzt, so hängt ihre
Tiefe doch weit mehr von der Dauer als von der
Höhe der Drucksteigerung ab. Nebst der Dauer und
Tiefe der Excavation ist, abgesehen von den Ergebnissen der
Functionsprüfung, wohl die Füllung, respective das sichtbare
Dünnersein der Netzhautarterien prognostisch wichtig.
Sie scheint mir hauptsächlich von der Gefässknickung abhängig zu sein. Die günstigsten Resultate der Iridektomie
liefern die Fälle, welche im sogenannten Prodromalstadium
operirt wurden; ihnen gleich oder doch sehr nahe stehen
die Fälle, welche während oder kurze Zeit nach einem
entzündlichen Anfalle operirt wurden, falls nicht vorher

schon merkliche Einschränkung des Gesichtsfeldes bestanden hatte.

Wenn jene Fälle des ersten Stadiums, welche Donders als Glaucoma simplex bezeichnet hat, für die Iridektomie eine relativ minder günstige Prognosis gestatten, wenn sogar mitunter nach derselben nicht nur keine Wendung zur Verbesserung, sondern sogar relativ rasche Verschlimmerung eintritt, so liegt die Ursache davon, wie paradox diese Behauptung auch klingen mag, höchst wahrscheinlich in der zu späten Vornahme der Operation. Die Veränderungen in den Netzhautgefässen sind eben zu weit vorgeschritten, als dass ihre Entlastung von dem abnormen Drucke genügen könnte, eine für die Ernährung der Retinalfasern ausreichende Circulation des arteriellen Blutes wieder zuzulassen. Wenn einmal die Hauptzweige der Centralarterien deutlich dünner erscheinen, wenn die Form der Excavation scharfe (spitzwinklige) Knickung der Centralgefässe aufweist oder höchst wahrscheinlich macht, wenn endlich überdies Einschränkung des Gesichtsfeldes auf ungenügende Speisung der Retinalfasern mit arteriellem Blute hindeutet, so muss der Erfolg als unsicher bezeichnet werden, gleichviel ob deutliche Erhöhung der Spannung und beträchtliche Herabsetzung der centralen Sehschärfe besteht oder nicht.

Man hat Anstand genommen, ein Auge, welches noch nahezu normal fungirt und sonst keine lästigen Zufälle erregt, einer Operation zu unterwerfen oder auch nur sie vorzuschlagen. In der Mehrzahl der Fälle von Glaucoma simplex wird der Arzt erst dann befragt, wenn starke Einengung des Gesichtsfeldes oder erhebliche Abnahme der centralen Sehschärfe dem Kranken das Leiden bedenklich erscheinen macht. Ueberdies ist mitunter wohl auch Bedenken erhoben worden, an Augen, welche zur Zeit der (selbst wiederholten) Untersuchung keine manifeste Spannungserhöhung darboten, eine Operation vorzunehmen, als deren Zweck principiell die Entlastung der Sehnervenfasern von abnormem Drucke betrachtet wurde. Endlich ist wohl oft (anfangs auch von Graefe) auf das Ausbleiben des erwarteten Erfolges bei Glaucoma simplex

gegenüber den günstigen Resultaten bei Glaucoma inflammatorium hingewiesen worden. Bezüglich des letzten Punktes
hat bereits Donders gezeigt, dass sich auch bei Glaucoma
simplex durch die Iridektomie sehr dankenswerthe Resultate
erreichen lassen. Ich für meine Person habe durchschnittlich dasselbe beobachtet. Von plötzlichem oder nachweisbar
rascherem Verfalle der Sehkraft, als er wahrscheinlich ohne
Iridektomie erfolgt sein würde, habe ich kaum einen oder den
anderen Fall beobachtet; ich muss indess hinzufügen, dass
sich die grösste Zahl der von mir an Glaucom Operirten auf
die im Spitale Verpflegten bezieht und mir somit grösstentheils nur 8—14 Tage zur nachträglichen Beobachtung vergönnt waren. Da ich demnach keine verlässliche Statistik
über die Enderfolge der Iridektomie bei Glaucoma simplex
aus eigener Erfahrung beibringen kann und in neuerer Zeit
von manchen Autoren, namentlich von Mauthner, die Iridektomie bei Glaucoma simplex als gefährlich dargestellt wurde,
möge es gerechtfertigt erscheinen, wenn ich die Aeusserung
einiger anderer Collegen über diesen Punkt hier citire. So
sagt Schweigger[1] in Volkmann's Vorträgen: „Beim Glaucoma simplex wird durch die Iridektomie meistens, aber nicht
immer, der Status quo erhalten; es kann die bereits eingeleitete
atrophische Degeneration des Sehnerven auch nach der Operation langsam fortschreiten, oder es verfällt das Sehvermögen
plötzlich auf durchaus unerklärliche Weise." Hirschberg
(ibidem pag. 302): „Bei acutem Glaucom war in 17 Fällen die
Iridektomie sechzehnmal erfolgreich. Bei chronisch entzündlichem Glaucom war von 10 Fällen, die heilbar erschienen,
der Erfolg der Iridektomie neunmal ein guter. Bei Glaucoma simplex, wo S noch nicht unter $1/10$ gesunken war,
war sie in 13 Fällen einmal wirkungslos, zweimal bewirkte
sie einen Stillstand von einjähriger Dauer; in neun Fällen
schien sie dauernd wirksam gewesen zu sein (1—12 Jahre).
In einem Falle von Glaucoma simplex myopicum mit Gesichtsfelddefect, der den Fixirpunkt berührte, ging die centrale

---

[1] Nagel's Jahresbericht für das Jahr 1877, pag. 291.

Fixation unmittelbar nach der Iridektomie verloren. — Bei
den vorgeschrittenen Fällen von Glaucoma simplex und secun-
därem Glaucom war die Iridektomie zum Theil wirkungslos.
Einmal war sie bei hämorrhagischem Glaucom von günstigem
Erfolge." Sulzer[1] (Dissertation) hat das Glaucommaterial der
Züricher Augenklinik von Horner aus den Jahren 1861 bis
1881 zusammengestellt und, so weit es ihm möglich war,
Nachrichten über das spätere Befinden der Operirten eingezogen.
„Von 103 Fällen von Glaucoma simplex wurden gebessert
22·3%; in 37% der Fälle blieb das Sehvermögen das gleiche,
während 23% ein zwar vermindertes, aber doch noch genü-
gendes Sehvermögen aufwiesen; in 3·8% verfiel das Sehvermögen unmittelbar nach der Operation, während in 13·6%
dasselbe erst später herabsank." „Unter den 149 Fällen von
Glaucoma inflammatorium waren 45% acut, 55% chronisch;
72·5% wurden durch die Iridektomie gebessert, in 11·3% blieb
das Sehvermögen wie vor der Operation, in 10·1% theilweise
erhalten; in 4·8%, beziehungsweise 2·02% trat sofortiger, beziehungsweise später Verfall der Sehschärfe ein. Mit Vergnügen
ersehe ich am Schlusse meiner Betrachtungen, dass auch
Jacobson in seiner jüngsten Publication[2] für möglichst frühzeitige Iridektomie bei Glaucoma simplex eingetreten ist.

Bezüglich der Sklerotomie, welche ich nur sechsmal
— nach Weeker's Vorgange — gemacht habe, muss ich mich
vorläufig jedes Urtheils enthalten.

- -

[1] Nagel's Jahresbericht für das Jahr 1882, pag. 411.
[2] A. f. O., XXX. a, pag. 188,

Wien, Ende Juli 1884.

Erklärung der Tafeln.

Tafel I. Horizontaler Durchschnitt eines emmetropischen Auges, nach dem Arlt-Elfinger'schen Durchschnitte mit einigen Correcturen gezeichnet von dem Med. Candidaten C. Henning, von welchem auch die Zeichnungen der mikroskopischen Präparate, Tafel II bis VI, mit grösster Treue hergestellt sind.

Tafel II. Horizontaler Durchschnitt der Eintrittsstelle des Sehnerven von einem normalen Auge, nach einem mikroskopischen Präparate von Prosector Weichselbaum gezeichnet (R. Oc. II, Obj. 3), photographisch reducirt auf $\frac{5}{6}$ von C. Angerer und Göschl.

Da der Bulbus kurze Zeit post mortem in Müller'sche Flüssigkeit gelegt worden war, erschien die Netzhaut in sämmtlichen Schichten gut erhalten.

Tafel III, Fig. 1. Horizontaler Durchschnitt der Eintrittsstelle des Sehnerven, nach einem mikroskopischen Präparate von Dr. Paltauf, Assistenten des Professors Kundrat. Die markhaltigen Sehnervenfasern sind mit Hämatoxylin gefärbt, daher schwarz gezeichnet. Der intraoculäre Theil des Sehnerven ist, da namentlich die äusseren Schichten der Netzhaut nicht mehr gut erhalten waren, schematisch (nach Tafel II) zur Ergänzung des Bildes eingezeichnet ($\frac{3}{1}$ der Vergrösserung mit H. Oc. III. Obj. 2).

Fig. 2 bis 6 stellen mikroskopische Querschnitte durch den Sehnerven nach Tingirung des Nervenmarkes dar. Um zu wissen, aus welcher Gegend (wie weit hinter der Innenfläche der Sklera) jeder Querschnitt stamme, wurde der Sehnervenkopf vorher durch einen Horizontalschnitt halbirt; die Grenze zwischen markhaltigen und marklosen Fasern liess sich jetzt mit freiem Auge leicht erkennen. Der erste (hinterste) Schnitt, dargestellt durch Fig. 2,

zeigte noch durchaus — bis zur nächsten Umgebung der Centralgefässe — markhaltige Faserbündel, die innersten schon etwas
weniger saturirt.

In dem unmittelbar davor erhaltenen Schnitte — Fig. 3 —
enthalten die nächst den Gefässen liegenden Faserbündel nur wenige
markhaltige Fasern. Noch stärker und in weiterem Umfange ist
der Mangel markhältiger Fasern in dem dritten, unmittelbar darauf
folgenden Schnitte — Fig. 4 — ausgesprochen. Der Durchschnitt
Fig. 5, durch einen nicht zum Zeichnen verwendbaren Schnitt von
dem vorigen getrennt, zeigt nur noch an der Peripherie markhaltige
Fasern, welche endlich in einem noch etwas weiter vorn geführten
Schnitte — Fig. 6 — vollständig fehlen.

Das frühere oder spätere Aufhören des Markes in einzelnen
Fasern, Fasergruppen oder ganzen Bündeln habe ich in verschiedenen Präparaten und in verschiedenen Augen, allerdings immer in ver-
schiedener Weise, so oft gesehen, dass ich dasselbe nicht auf Fehler
im Tingiren oder im Durchschneiden beziehen kann.

Tafel IV, gezeichnet — gleich den folgenden zwei — mit R.
Oc. I, Obj. 3 unter Controle von Weichselbaum, gibt einen horizontalen Durchschnitt durch die Mitte des Sehnervenkopfes, respective der Excavation von dem Auge des 55jährigen Mannes, dessen
Befund auf pag. 119 mitgetheilt wurde. Die Faserbündel sind
nicht der Länge nach, sondern grösstentheils schrig durchschnitten.
Zwei der Centralgefässe sind dem Rande der Excavation nahe gerückt, doch noch nicht an denselben angedrückt.

Tafel V gibt einen der zahlreichen mikroskopischen Durchschnitte, welche mir Herr und Frau Doctor Kerschbaumer zum
Studium der anatomischen Veränderungen bei Glaucom zur Disposition gestellt haben. (Vergl. pag. 116.) Er stammt von einer Frauens-
person (56 Jahre alt), bei welcher, da noch Lichtempfindung vorhanden gewesen, Anfangs 1880 eine Iridektomie, dann aber, wegen
wiederkehrender Schmerzen, im April 1882 die Enucleation (oc.
dextri) vorgenommen worden war.

Tafel VI. Dieser Durchschnitt stammt von dem linken Auge
eines 25jährigen Mannes, welches, im 5. Lebensjahre durch Horn-
hauttotalstaphylom erblindet, seit einigen Jahren beträchtlich grösser
und schmerzhaft geworden war. Der enucleirte Bulbus mass vor
der Erhärtung sagittal 36 ᵐᵐ, frontal 29 ᵐᵐ (4. December 1883).

Ich habe diese Zeichnung (von Secundärglaucom) aufnehmen lassen, weil sie totale Atrophie der Sehnervenfasern (trotz guter Erhaltung der äusseren Netzhautschichten), auffallende Erweiterung der Eingangsöffnung zur Höhle und nebstdem kleine Nebenausbuchtungen der letzteren zeigt. Dieser Fall ist in den pag. 116 erwähnten Fällen nicht mit inbegriffen.

Druck von Adolf Holzhausen in Wien.
k. k. Hof- und Universitäts-Buchdrucker.

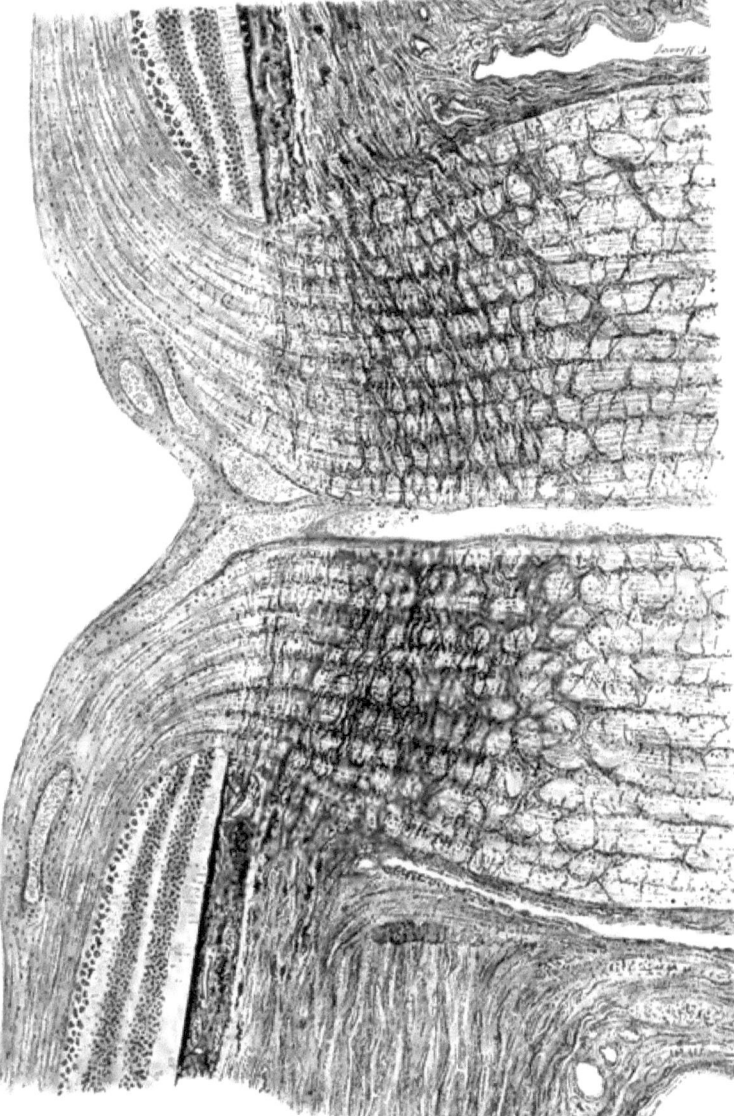

Fig. 1.

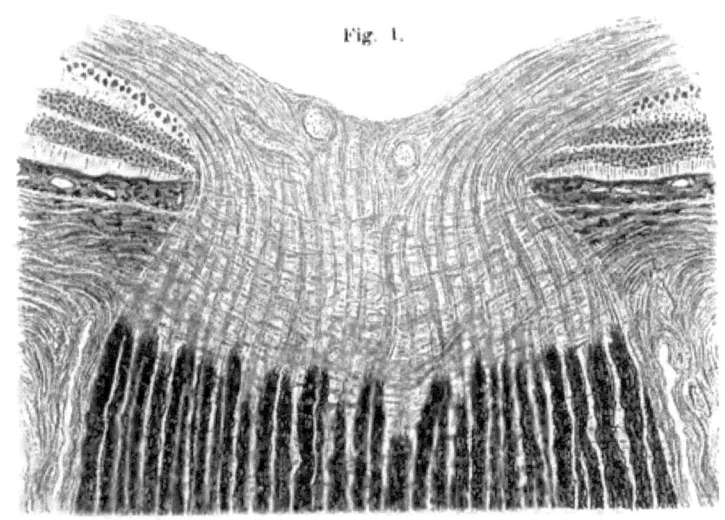

Fig. 2.

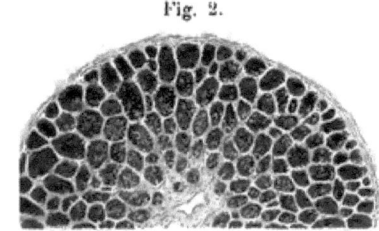

Fig. 3.

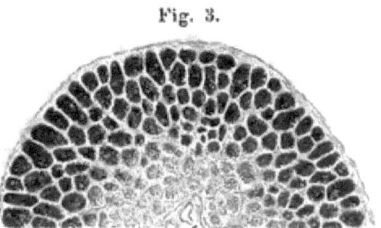

Fig. 4.

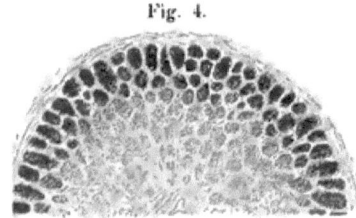

Fig. 5.

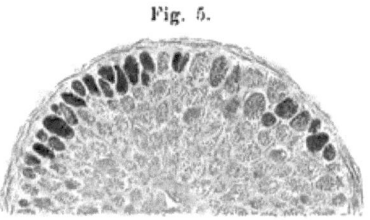

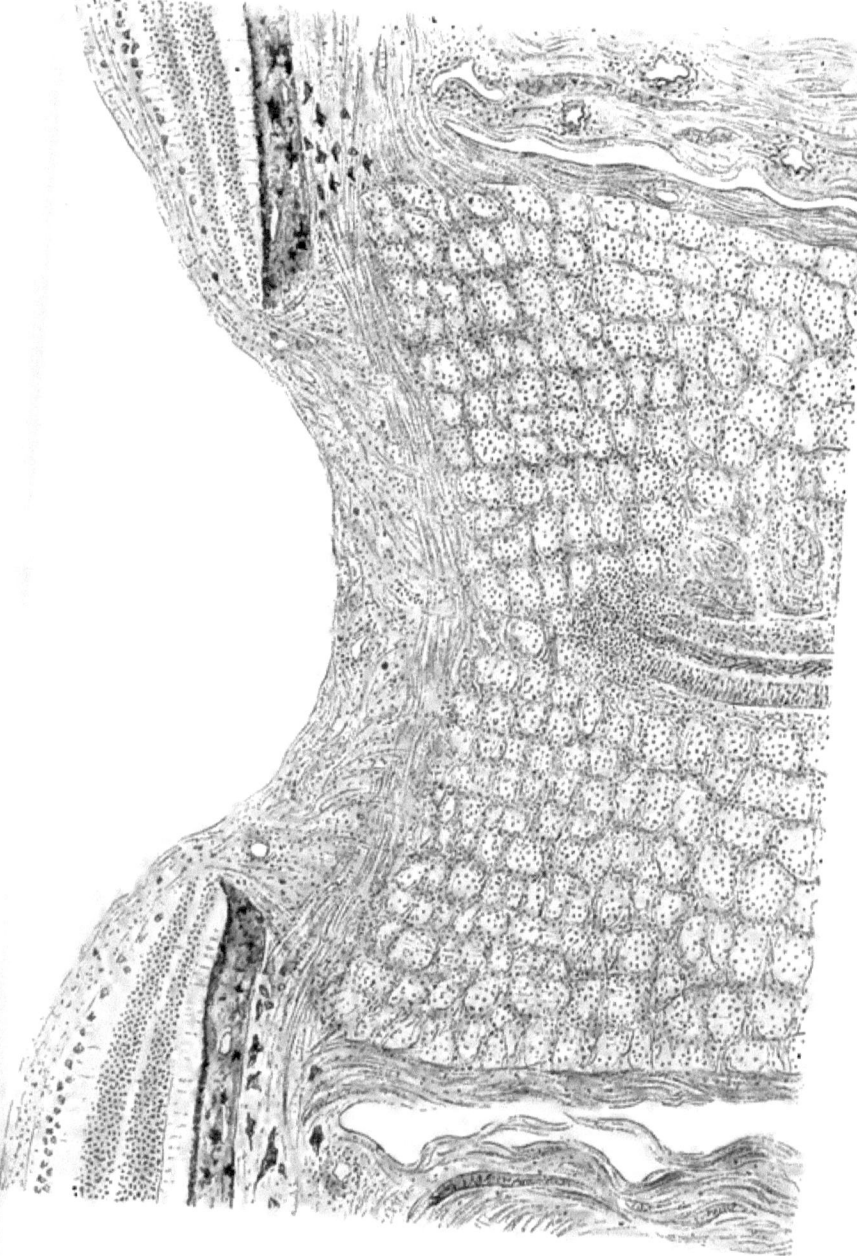

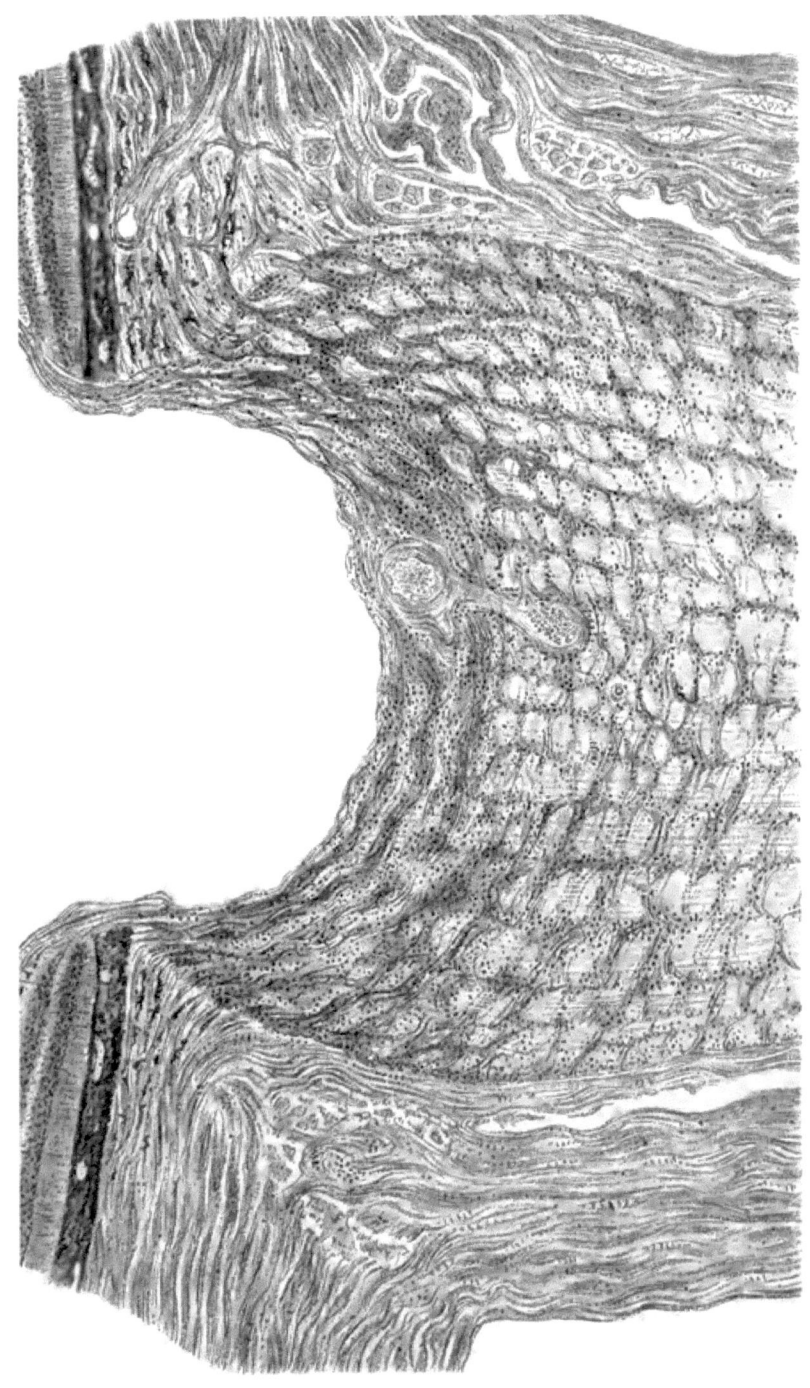

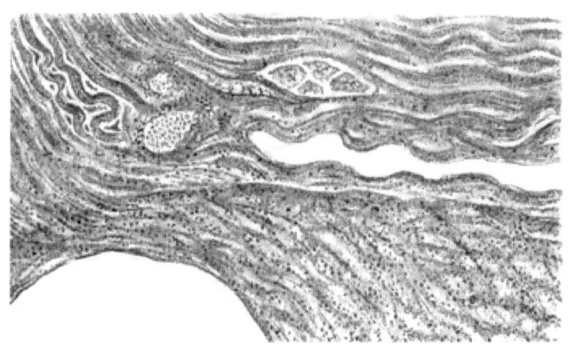